改革开放进程中的经济学家学术自传

张卓元　高培勇　主编

江小涓学术自传

江小涓◎著

ACADEMIC AUTOBIOGRAPHY OF JIANG XIAOJUAN

SPM

南方出版传媒

广东经济出版社

·广州·

图书在版编目（CIP）数据

江小涓学术自传 / 江小涓著 . —广州：广东经济出版社，2020. 1（2023. 3 重印）
（改革开放进程中的经济学家学术自传）
ISBN 978-7-5454-6813-7

Ⅰ. ①江… Ⅱ. ①江… Ⅲ. ①经济学－文集 Ⅳ. ① F0-53

中国版本图书馆 CIP 数据核字（2019）第 212526 号

责任编辑：张晓兰　刘健华　李　璐
责任技编：陆俊帆

江小涓学术自传
JIANGXIAOJUAN XUESHU ZIZHUAN

出版发行：广东经济出版社（广州市水荫路 11 号 11 ～ 12 楼）
印　　刷：恒美印务（广州）有限公司
（广州市南沙经济技术开发区环市大道南路 334 号）

开　　本：787 毫米 ×1092 毫米　1/16
印　　张：11
版　　次：2020 年 1 月第 1 版
印　　次：2023 年 3 月第 5 次
书　　号：ISBN 978-7-5454-6813-7
字　　数：110 千字
定　　价：78.00 元

发行电话：（020）87393830
编辑邮箱：gdjjcbstg@163.com
广东经济出版社常年法律顾问：胡志海律师
法务电话：（020）37603025
如发现印装质量问题，请与本社联系，本社负责调换。

《改革开放进程中的经济学家学术自传》丛书分册名录

（按姓氏音序排列）

1.《白重恩学术自传》
2.《蔡昉学术自传》
3.《常修泽学术自传》
4.《陈东琪学术自传》
5.《陈锡文学术自传》
6.《迟福林学术自传》
7.《樊纲学术自传》
8.《范恒山学术自传》
9.《房维中学术自传》
10.《高培勇学术自传》
11.《高尚全学术自传》
12.《郭克莎学术自传》
13.《洪银兴学术自传》
14.《黄达学术自传》
15.《黄群慧学术自传》
16.《贾康学术自传》
17.《江小涓学术自传》
18.《金碚学术自传》
19.《李实学术自传》
20.《李晓西学术自传》
21.《厉以宁学术自传》
22.《林兆木学术自传》
23.《刘诗白学术自传》
24.《刘世锦学术自传》
25.《刘树成学术自传》
26.《刘伟学术自传》
27.《马建堂学术自传》
28.《彭森学术自传》
29.《宋晓梧学术自传》
30.《田国强学术自传》
31.《王梦奎学术自传》
32.《王一鸣学术自传》
33.《魏杰学术自传》
34.《魏礼群学术自传》
35.《乌家培学术自传》
36.《吴敬琏学术自传》
37.《杨瑞龙学术自传》
38.《张军学术自传》
39.《张军扩学术自传》
40.《张晓山学术自传》
41.《张燕生学术自传》
42.《张宇燕学术自传》
43.《张卓元学术自传》
44.《赵人伟学术自传》
45.《郑新立学术自传》
46.《周叔莲学术自传》

总　序

Preface

盛世出华章。中国的改革开放是一场波澜壮阔、前无古人的伟大社会变革，也将是世界经济发展史上的瑰丽篇章。中国经济学家在这场伟大变革中，或贡献了智力，或参与了实践，无论是参政建言还是学术构建，均厥功甚伟。

在我们先后迎来改革开放40周年和中华人民共和国成立70周年之际，为了记录并彰显中国经济学家的历史贡献，为中国特色社会主义事业进一步发挥智慧的力量和作用，同时借以勉励后学筑梦前行，我们组织并编辑了这套《改革开放进程中的经济学家学术自传》丛书。

这套丛书的出版设想，最初由广东经济出版社提出。在此之前，得力于中国社会科学院经济研究所张卓元教授等的大力支持，该社曾于2009年编辑出版《影响新中国60年经济建设的100位经济学家》丛书。那套丛书产生了良好的社会反响，也获得了较高的学术评价。弹指一挥间，又是一个十年，共和国迎来了70华诞，改革开放也逾40周年。在这样一个特殊的背景下，广东经济出版社邀请张卓元教授和高培勇教授领衔，由《经济研究》编辑部具体负责，组织、编辑一套集中反映改革开放进程中的经济学家学术探索和心路历程的丛书。

认识到这是一件颇具眼光、很有意义的事情，于是，便有了读者眼前这套《改革开放进程中的经济学家学术自传》丛书编辑出版工作的启动。

中国经济改革与发展的伟大实践，为中国经济学家的成长提供了肥沃的土壤。要从这些灿若繁星的经济学家中推选出大家比较公认的富有影响力的经济学家，并不容易。怎样推选？推选多少？具体标准是什么？如何约稿？丛书的体例又该如何把握？这一系列相关问题接二连三地提至我们面前。

为此，在初步拟订编辑出版方案的基础上，由张卓元教授和高培勇教授主持，邀请部分专家召开了小范围的论证会议，就组建丛书编辑委员会以及丛书编辑出版的一系列相关问题听取意见，进一步完善方案。

紧跟着，2017年6月25日，丛书编辑委员会会议在北京举行。出席会议的委员共有19位（按姓氏音序排列）：白重恩、常修泽、陈东琪、陈锡文、迟福林、高培勇、郭克莎、黄群慧、金碚、李晓西、刘伟、彭森、宋晓梧、田国强、魏礼群、吴敬琏、张军扩、张燕生、张卓元。因故请假、提供书面意见的委员有10位（按姓氏音序排列）：蔡昉、曹远征、贾康、李实、李扬、厉以宁、林毅夫、刘世锦、钱颖一、张军。

这次编辑委员会会议就如下一些重要问题形成了高度共识：

第一，关于丛书的意义。委员们高度认可丛书的编辑出版工作，认为这是一项富有重要历史和现实意义的出版工程。

第二，关于丛书入选者的标准和数量。委员们认为应本着宁缺毋滥、质量为先原则，以对改革开放事业的某个特定领域做出实质性贡献或产生实质性影响的经济学家为重点，入选者宜掌握在60位左右。

第三，关于丛书的体例。基于凸显学术价值和史料价值的考虑，委员们认为学术自传宜涵盖作者的学术成长历程、作者对改革开放事业某个特定领域的研究成果和学术贡献、作者对特定领域改革前景的展望等方面内容。

第四，关于丛书的读者对象。委员们认为应主要面向青年学者以及学生，谈人生经验、述理想情怀，激励广大青年学者和学生确立奋斗的目标、发展的方向和成功的路径。

第五，关于丛书的文风。委员们主张学术自传应具有较强的理论性、学术性，同时文笔流畅、深入浅出，具有一定的可读性。

在经过充分讨论形成的候选经济学家名单基础上，与会委员按照获得半数以上多数票入选的规则，以无记名投票方式表决确定了65位入选者。

会议还决定，请因故请假的委员继续对候选经济学家名单通讯投票，并根据此项流程的统计结果，提请全体编辑委员会委员再进行一次通讯评审，最终确定丛书入选者为68位。

由此产生的《改革开放进程中的经济学家学术自传》丛书入选作者为（按姓氏音序排列）：白重恩、蔡昉、曹远征、常修泽、陈东琪、陈清泰、陈锡文、迟福林、樊纲、范恒山、房维中、高培勇、高尚全、郭克莎、 郭树清、韩俊、洪银兴、华生、黄达、黄群慧、贾康、江小涓、金碚、李剑阁、李京文、李实、李晓西、李扬、厉以宁、林毅夫、林兆木、刘国光、刘鹤、刘诗白、刘世锦、刘树成、刘伟、隆国强、楼继伟、马建堂、彭森、 钱颖一、宋晓梧、田国强、王梦奎、王一鸣、魏杰、魏礼群、乌家培、吴敬琏、吴晓灵、杨启先、杨瑞龙、易纲、余永定、张军、张军扩、张维迎、张晓山、张燕生、张宇燕、张卓元、赵人伟、郑新立、周其仁、周叔莲、周小川、朱玲。

在确定入选者名单之后，《经济研究》编辑部立即展开了组稿工作，共有46位入选者接受约稿。在这一过程中，入选的经济学家或其家属、秘书、好友等，对我们的工作给予了热情的支持，在百忙之中积极准备所需要的文献，其认真精神令人感动。应该说，没有他们的积极响应和大力支持，这套丛书是难以按时按质完成的。

由于入选的经济学家大多是名人、忙人，有一部分老作者也已年届九十高龄，约稿的工作量及其难度可想而知。一些作者提出暂不能写作，这多少令我们感到些许遗憾。其间也有许多感人的情景要告诉读者们：常修泽先生于2018年夏天在吉林延边的一个小镇闭门两三个月专事自传写作，在整个写作过程中数十次与编辑部和出版社沟通，包括内容完善、结构设计和一些合理性建议等诸多细节，并且在约定期限内交稿给编辑部；九十五岁高龄的黄达教授在写作过程中十余次通过电话或电子邮件与编辑部讨论写作重点和风格；乌家培、林兆木、王梦奎等老先生也是不厌其烦，反复就文字沟通润色；周叔莲先生在去世前一周还给编辑部打电话，告诉编辑自己已经基本完成了书稿的写作，并详细介绍了自己的写作过程和感想，我们至今忆此仍为之动容。在这些难得的沟通中，我们一次次被感动。

随着此套丛书的陆续编辑出版，我们越来越强烈地体会到了这项工作的意义和价值：

入选这套丛书的作者，系改革开放进程中的经济学家，他们的知名度较高，社会影响较大。这套自传体丛书，是对他们的代表性研究成果、学术贡献、成长历程及人格魅力的一个集中展示。对于广大读者特别是青年学子来说，这无疑是一个难得的学习、了解我国经济理论和现实问题的机会。

这些经济学家在各自的学术领域都是佼佼者或领军者，他们学术素养深厚、学术成就卓越。他们在自传中大多以第一人称娓娓道来，讲述了自己的家国情怀与学术成长经历，为记录我国改革开放历程留下了第一手资料。从经济史和思想史的角度看，这应该是非常有史料价值的研究文献。

众多大家的纸上风华，既映射出中国改革开放40多年取得的巨大成就，也是对中国改革与发展经验比较系统的总结。正如习近平总书记所指出的："从我国改革发展的实践中挖掘新材料、发现新问题、提出新观点、构建新理论，加强对改革开放和社会主义现代化建设实践经验的系统总结，加强对发展社会主义市场经济、民主政治、先进文化、和谐社会、生态文明以及党的执政能力建设等领域的分析研究，加强对党中央治国理政新理念新思想新战略的研究阐释，提炼出有学理性的新理论，概括出有规律性的新实践。这是构建中国特色哲学社会科学的着力点、着重点。"应该说，本套丛书的作者们用生动而精彩的人生与学术追求，践行了这一重要要求。

这套丛书的编辑出版与《经济研究》编辑部各位同仁的努力也是分不开的。他们通过电话、短信和邮件等方式不断地与作者或其家人、秘书等进行沟通。参加组稿和审稿工作的人员有：郑红亮、刘霞辉、张永山、唐寿宁、王利娜、谢谦、金成武、孙三百、陈小亮、欧宏、王红梅、刘莹、曹帅。

广东经济出版社的领导和编辑在本丛书的出版过程中也做了大量的工作，正是有了他们的努力，这套丛书才能得以顺利与读者见面。

特别值得一提的是，这样一套组织工作浩繁的大型丛书，见证了《经济研究》编辑部与广东经济出版社值得称道的团队合作精神。编辑部的张永山、王红梅同志和广东经济出版社的编辑团队从始至终为丛书的组织沟通、约稿、文稿整理付出了大量的心血，他们的耐心和一丝不苟的敬业精神令人称道。

这套丛书就此付梓了，回望中国改革开放的辉煌岁月，携手丛书作者对祖国的拳拳心路与期待，我们略感欣慰！但由于时间仓促，加之我们的水平有限，书中的不足和错误之处在所难免，敬请广大读者批评指正。

《改革开放进程中的经济学家学术自传》丛书编辑委员会

2019年10月

作者简介

江小涓

女，甘肃正宁人，出生于陕西省西安市，中共党员，经济学博士，教授，研究员。长期在教学、研究机构和政府机构工作。

学习经历：1979—1984年就读于陕西财经学院，获经济学硕士学位。1986—1989年就读于中国社会科学院研究生院，获经济学博士学位。其间，1987—1989年在新西兰惠灵顿维多利亚大学做访问学者。

工作经历：1973—1979年，在西安市中心医院担任护士，陕西省卫生学校护士专业在职就读（1974年毕业）。1981—1982年，在中共陕西省委党校经济教研部任教师。1984—1986年，在陕西省财经学院工业经济系任助教、讲师。1989—1996年，在中国社会科学院工业经济研究所先后任助理研究员、副研究员、研究员，工业发展研究室副主任、主任。1996—1998年，任中国社会科学院科研局学术秘书。1998—2004年，先后担任中国社会科学院财贸经济研究所副所长、党委书记、所长兼党委书记、博士研究生导师。

2004—2011年，先后担任国务院研究室副主任、党组副书记。2011—2018年，任国务院副秘书长，联系教育、科技、文化、卫生、体育、妇女儿童、民族宗教等方面的工作。

2018年至今，任全国人大常务委员会委员、全国人大社会建设委员会副主任委员，清华大学公共管理学院院长、中国行政管理学会会长。

2018年，就任清华大学公共管理学院院长

主要研究领域：产业结构和产业政策，宏观经济与发展理论，服务业改革发展，国际经济与对外开放，政府职能与公共治理。发表过多篇学术论文并出版过十多部研究专著，代表作有《体制转轨时期的产业结构与产业组织》《体制转轨中的产业政策》《中国的外资经济：对增长、结构升级和竞争力的贡献》《中国服务业的增长与结构》《服务全球化

与服务外包：现状、趋势及理论分析》《服务经济——理论演进与产业分析》，等等。在《经济研究》《中国社会科学》和《管理世界》等期刊上发表的论文超过20篇。

研究成果多次获得国家级和省部级奖项和表彰，包括三次获孙冶方经济科学奖、全国青年社会科学研究一等奖、吴玉章人文社会科学奖、第五届中国经济理论创新奖等。获得过中国社会科学院十大优秀青年、中国社会科学院有突出贡献的中青年专家、中国社会科学院优秀女领导干部、中央国家机关“巾帼建功”标兵、2003年中国十大经济女性年度人物、全国留学回国先进个人等称号。

2019年，参加博鳌亚洲论坛

自 序

我1957年出生在陕西省西安市，籍贯甘肃省正宁县。“文化大革命”期间随父母下放到农村生活了三年多，此后在医院当护士五年。恢复高考后进入高校学习，1989年获得博士学位。1989—2004年先后在中国社会科学院工业经济研究所、科研局、财贸经济研究所工作，2004—2018年先后在国务院研究室、国务院办公厅工作，目前在全国人大常委会和全国人大社会建设委员会工作。回顾我的人生道路，基本上是顺从时代，跟随主流，按部就班，正常发展，平顺无奇。下面按时间顺序回顾这40年的学习和教学研究工作。

江小涓学术自传

目录

壹

早年经历

我于1957年出生在陕西省西安市，父亲江风，甘肃正宁人，长期在陕西省和西安市文化宣传口工作，离休前是西安市委秘书长。母亲丁力，山东五莲人，长期在陕西人民广播电台工作，离休前是陕西人民广播电台通讯采访部主任，首席记者。父母都是中华人民共和国成立前参加革命的大学生，家庭气氛平和、民主，对子女没有过多的约束，我从小也没有太多生活窘迫的感受。家里藏书颇多，父亲单位图书馆里还可以借到更多的书，主要是关于哲学、历史和中国文学的。父母坚信知识是宝贵的财富，鼓励我们多读书。我对父亲在家中形象的印记，就是坐在桌子边一本书一杯茶一支烟。1989年，我出国学习回来，把打工挣的钱给了父母一些。第二天一早，父亲就动作夸张地点了一沓钱，去书店买了一套新版的《资治通鉴》。母亲告诉我，此前他已去书店翻看过多次却没舍得买。我从小就喜欢看书，新奇又快乐的阅读体验让我受益匪浅，这样的兴趣和习惯贯穿了我终生。

“文化大革命”开始时，我上小学三年级，父母双方都受到冲击。有一年多的时间，父母经常被隔离审查，哥哥又到处去串联，就我和五六岁的妹妹在家。不过邻居都挺和善，常常帮助我们。我从小自立性也较强，倒也没有碰到什么特别困难的问题。

1969—1972年，父母下放农村，带着我们三个孩子一起去，地点是陕西南部的汉阴县高梁公社界牌大队。虽然那里很穷，但随父母一起，他们工资照发，乡亲们也很友好，我正处在不知发愁的年龄，因此这段经历在我的记忆中就是一段轻松快乐的乡村时光，记住了很多田园景色、质朴友好的同学和自身水平有限却又极为努力的老师。但是这里的人们确实很贫穷，到了春上灶头断炊，政府提供一些三四分钱一斤的返销粮，一块钱就能让全家度过最困难的时期。但有不少人买不起，每到这时，到我们家借钱的人一个接一个。不少老乡确实还不起钱，很多人就用砍的柴偿还，一角钱一大捆，每到这时我们家里的柴垛子堆得和房子差不多高。后来我们启程返城时，全队几百人来送行。最令人意外的是，几乎所有借钱的人都尽其所能还钱，有人连夜从铁路建设工地上回来，走几十里路去亲戚家借钱。个别实在没有钱的，就会送来一些土特产。记得有一个老乡用竹竿串了八只鳖，说实在借不到钱，借我们的五毛钱就用它还了。当时我还小，只觉得好玩，后来回想起来这一幕幕挺感慨的。印象深刻的还有，虽然生活艰难竭蹶，老乡们却并非整日愁容满面，田间地头总是欢声笑语，晚饭后的“侃大山”也很幽默开心。

我的父母有一种无论处境如何都要做到最好的信念，也很关心孩子们的心理感受。从“反右”开始，父母的处境就不好了，他们在各自单位都受到歧视，“文化大革命”中也有伤痛的经历。但他们很少埋怨，至少不当我们面埋怨，很多事情我们都是长大后才知道的。我母亲特别要强，刚到农村时，每家需要出一个劳动力修建水利工程，不过下放干部不在其中。当时家里许多事情没有安顿好，我母亲说我们家不搞特殊，我父亲身体不好，她就去参加了一个冬天的劳动，吃苦耐劳的程度让老乡非常吃惊，还被评为了“劳模”。

1972年，父亲调回西安市，到西安日报社当总编辑，全家又回到西安。恰逢西安卫生学校招生，我符合条件就报了名并被录取。1973年底，我毕业后在西安市中心医院当了护士。在医院做护士，能见到各色人等和各种社会现象，有许多病人治愈出院时的快乐道别，也要面对那些不治之症甚至死亡的场景。现在人们说不要去考验人性，但在当时的条件下，没有公费医疗的重病患者住院，面对可能倾家荡产甚至负债终生的医疗费用，人性不可能不受考验。在我当班时就出现过病人因颅压很高头疼欲裂，夫家和娘家为支付医药费争吵导致病人跳楼身亡的悲剧。我当时的感觉是有痛无恨，两家都很穷，都有老人孩子要照顾。也有病人无钱支付医疗费因此不出院，在医院住了两年多。

1977年，我参加了农村巡回医疗队，在陕西最南部的镇坪县工作了将近一年。我所在的组在一个公社卫生院驻扎，也去县医院帮过忙。这里的农民很贫穷，许多人有了病长期在家耗着，请我们去诊治，是因为我们有一些常备药不收费。有时我们会建议一些重症患者去公社卫生院或县医院进一步诊疗，但基本上实现不了。有一个家庭，父亲是有收入的公职人员，五个孩子全部得了肺结核，却只给两个男孩吃药。更早年我随父母下放到陕西省汉阴县时，我们房东的老大是村里的赤脚医生，他有一个药箱，我不知道里边装的有哪些药，但应该品种很少，而且不够用。我记得他多次来借钱，说这个月的药用光了，先借钱买一点。由于借钱不是整数，还专门解释过为什么要借1.1元钱，因为想买一瓶止疼片、一瓶甘草片和一瓶颠茄片（颠茄片是用来止胃痉挛的）。这种医疗服务是极为有限的。我记得生产队长有一个六岁的孩子，患了先天性心脏病，能治却因没钱治夭折了。

还有一家的儿媳妇，得了乳腺癌，医生说要100多元做手术治疗，家里人就说不治了，大半年后就去世了。说起来，我对改革之前中国医疗体系的各个层级，包括生产队、公社、县和城市的医疗机构都有所了解，可以说知之不少。多年后我参加医疗卫生体制改革工作，总有人把现在的医疗体制与改革前的做比较，说“文化大革命”时期都能做到免费医疗服务全民覆盖，还受到了世界卫生组织的赞扬，我就会想到上述种种情景。

到医院工作后，我工作努力认真，年年都被医院评为先进，还被评为西安市卫生系统的先进工作者。同时，我保持着爱读书的习惯。每天下班后，我都会扎在五人一间的宿舍里，读书到深夜，看郭沫若的《十批判书》、范文澜的《中国通史》、罗素的《西方哲学史》等。大约在1974年，在书店里可以买到上海人民出版社出版的一套“青年自学丛书”，我毫不犹豫地就买了全套。那个时候，读书就是因为喜欢，与功利性目的无关。当时医院里没有人愿意上夜班，但我愿意，因为夜班虽然比较困倦，但工作量比较少，到十点之后，如果没有重症和急诊病人，就只是一些定时的病房巡查工作，因此有很多时间看书。这样一边上班、一边读书的生活持续了五年多。在这期间虽然读书颇多，但我并没有耽误工作，还升任了代理护士长。

1977年，恢复高考的消息传来了。当年的护士算是好工作，我所在的西安市中心医院各方面条件都挺好，因此不少人都不愿再考大学，害怕毕业重新分配时回不到现在的医院。我毫不犹豫地报了名，因为我太想读书了。当时我正在镇坪县参加巡回医疗队，没有时间和条件准备，第一次没有考上，几个月后第二次高考才考上了。大学录取通知书下来后，医院9个科室仍一致提名，在只有 2%的升级名额中为我提升了一级工资，表彰我几年来的努力工作。就这样，我告别了医院，跨进了学子云集的大学校园。

贰

大学生活

一 被动选学企业管理

考大学时，我和同龄的许多青年人相似，非常迷恋天文学，对浩瀚星空充满好奇和向往。此前我就看了不少和天文有关的书籍，因此在填报志愿时毫不犹豫地将南京大学天文系填为第一志愿，但分数不够，被补录到了西安基础大学陕西财经学院分校企业管理专业。大学时，我学习用功，除了机械制图这门课之外，其他课程的考试经常是全班第一。不过，我对教学内容并不满意，特别是专业基础课和专业课，似乎与中国大地上正在发生的事情无关。比如政治经济学，还在讲集体经济的优点。此前我在农村生活过几年，亲眼看到了农民在集体农田中干活和在自留地里干活的不同态度，看到了两种农田中的庄稼截然不同的长势，当时很自然地生出"如果集体的地分给农民，肯定可以增产很多"的想法。我曾经问过父母，也问过队长、房东和老师，为什么不能将地分到各家各户，得到的回答总不能让我满意。上课时老师讲农村集体化的优势，理由之一是可以激发农民的劳动热情，对此我深不以为然，认为这是对"人性"的误解，这大概是我最早的"经济学思考"。当时，正是农村"包产到户"的做法引起许多争议的时候，无须任何理论上的证明或老师的教导，我马上就持赞同态度，而且对各种引经据典的争议和批评不屑一顾。如果不是上大学前有农村生活和工作经历以及其他社会阅历，我对许多问题的理解也许会有不同，要走许多弯路。

在后来的研究工作中我悟到，社会科学研究的对象是人类的行为，而且研究者本身也是人，人的行为是可以观察的——看看“他们在这种条件下如何做”，也是可以自省的——“如果是我在这种情况下会怎么做”，而这两者都需要阅历。如果某个理论的前提明显违背了我们所观察到的人类普遍行为，我们就有理由持怀疑态度。当然，作为个体，人与人之间的行为存在差异，但社会科学需要的是统计规律或概率，比如有“90%的人在自留地里干活比在集体地里干活更卖力”的结论就足够了。的确，对社会科学工作者来说，阅历非常重要且多多益善。在每一个领域中，都存在许多需要研究的问题、众多的学术流派和理论观点，阅历有助于我们发现重要问题，判断不同观点的适用性和想出解决问题的办法。虽然有许多自然科学大师专注于“学问”而不通人情世理的趣闻轶事，但“天真”不应该是社会科学工作者的“长处”。

和单调的学习内容相比，大学时期的同学却是各色人等，很多人都有丰富经历，有“文革”期间的学生领袖、下乡青年读书会的主讲、诗坛的坛主、工厂的车间主任、小学校长、考分很高却因“三种人”身份最后才被录取的区团委书记等，个个讲起都是一套一套的，我觉得很开眼界和长见识。我们的班长叫刘安，是一位极具理想色彩的“老高三”，以帮助他人、推动社会发展为已任，而且真正做到身体力行。班长的知青朋友告诉我们，他是知青队长，当知青开始返城时，他定了规矩，家里困难和身体不好的先走，而他虽然机会很多，却最后一个才返城。大学毕业后他去海南创业，同去的同学丁当说，刘安每个月最盼望的事情是给员工发工资，看到大家的笑容他无比开心。前几年他不幸病逝，很多朋友都非常怀念他。

那个时期的大学教育，与课程有关的参考书非常有限，老师也不提要求，因此有很多时间随意看书。范围广泛的阅读会带来意想不到的乐趣，我至今还记得阅读某些“闲杂书刊”带给我的愉悦感觉。有一段时间我迷上了科学史方面的书，几乎读遍了能找到的所有相关书刊，因为科学发展的历史和我以前的认识太不相同了。一些以前我们以为很荒唐、可笑的想法和行为，却能推动科学的发展。例如中外古代的炼金术，其两个目的长期被认为是不可能的：将贱金属变成黄金和得到能医治所有疾病、使人长生不老的“仙丹”，但在这个过程中，却得到了许多可靠的化学知识，发明了许多有用的药物。在“日心说”确立之前的漫长岁月里，人类在地球是太阳系乃至宇宙中心这个错误的假定下，得到了天文学方面的许多知识，例如可以准确地预测日食和月食。中世纪的胚胎学有很大发展，得到许多精确的实验结果，其原本的目的却是宗教性的：研究灵魂何时进入胎体。而一些以前我们奉之为金科玉律的理论，原来也有许多争论存在。例如，达尔文的进化论是我们在中小学时代唯一知道的关于生物起源的理论，也受到一些批评和质疑。至今我还记得那些批评中的一点，即这个理论不能做出预言：不能预言在什么样的特定环境下，哪些新的物种将会出现；也不能预言进化在经历了物质、生命和精神三个阶段之后，能否进入比精神更高的下一个阶段。

二 硕士研究生时期和在《经济研究》发表论文

本科毕业时，由于成绩优秀，陕西财经学院、陕西省委党校等单位都要我去做教学工作，后来我选择去了党校，因为那里为每位老师提供一间办公室，我觉得方便看书学习。短暂工作了几个月后，我如愿考取了陕西财经学院工业经济系的硕士研究生，是我们那一届同系学生中唯一的考中者。这其中有运气的成分，英语试卷中英译汉两道题选其一，两道题我几乎都看不懂，但在一道题中认出了“伽利略”这个单词，又找到了比萨、塔、球这几个单词，就猜出了文章的内容。我根据认识的一些单词，凭借已有的知识编写（不是翻译）了这段故事，几乎得了满分。这也算是此前看书多的回报吧。

我的硕士研究生导师是刘世爵教授，他当时已经年近六十，阅历丰富，通晓人情世故。他不仅教我学问，还教我做事做人。特别是他多次认真地告诉我，我有钻研问题的潜质，鼓励我选择从事教学研究工作。老师的判断和鼓励使我终身受益。在读硕士研究生期间，我参加了一些研讨会和研究课题，对陕西省经济发展战略提过一些建议，当时在陕西省已经小有名气。《陕西日报》和陕西电视台对我做过专访，我也几次受命参加陕西省发展战略的研究。硕士研究生毕业后，陕西省委政研室点名要我去工作，但我还是坚持留

1984年，硕士毕业照（右一为江小涓）

校执教，教授工业经济和企业管理学。两年后我已是全校最受欢迎的三名青年教师之一，院学术委员会全票通过，破格晋升我为副教授。若不是在程序完成之前考取了博士研究生，我在1986年就成为副教授了。

此时发生了一件对我影响很大的事情，我在《经济研究》杂志上发表了一篇论文。从上大学开始，我就知道《经济研究》是国内经济学界最高水平的学术刊物，并对它充满敬意，期期必读，但从未想过能在上面发表论文。不过上了研究生之后，我时常也会觉得其上发表的文章有些“老派”，传统政治经济学的内容多，对现实问题的解释力不够。大约在1984年底，一个全国性的中青年经济论坛在西安召开。当时《经济研究》的编辑乔桐封前来参加，她很有学者风度，谦逊和蔼，我与她交谈了几句后，大着胆子提出了上述看法，她表示有同感并说："你有什么好文章可以投给我们。"她真诚的态度让我觉得在《经济研究》上发表论文具有可能性。

当时有一个困惑我的问题：为什么国内的学术研究要从不符合实际的假设出发（例如人们在集体劳动时更有热情），用演绎的办法推导出理论判断？当时各种各样的参考书，特别是国外社会科学经典著作的译著多了起来，能够看到许多以前只能通过国内教科书略有所知的各种理论流派和观点，明白了人类在社会科学领域探索的多样性。我希望能从现实出发归纳得出一些规律性的东西，有效解释现实并预期未来。暗自下决心要向《经济研究》投稿后，在大半年的时间里，我搜集、阅读了更多相关文献，写了一篇题为《归纳性研究与社会主义经济理论的重塑》的论文，这可以说是我按照自己对"真正"经济学的理解，自主选题和撰写的第一篇学术论文。多次修改后，1985年底我把论文寄给了《经济研究》编辑部。老实说，我对论文的质量是有信心的，但对自己这种"无名小辈"的学术地位没有信心。1986年初，我去北京参加博士研究生招生考试，顺便去编辑部打探论文的事。当时编辑部只有一位女士，简单问了几句后她让我到房间一角的文稿堆中寻找，说那里是审过不用的。稍后进来另一位女士，问了我的名字之后马上说准备刊用，我听后非常激动。1986年第7期的《经济研究》杂志发表了我的文章。这件事对我认同自己的研究能力非常重要，使我定下了从事研究工作的决心。我的父母很高兴我的选择，他们多次告诉我，科学研究是值得终生从事的好职业，并赞许地看着我在这条道路上前行。

专栏一 归纳性研究与社会主义经济理论的重塑（1986年）

社会主义经济理论应该具有比较完善的理论框架和逻辑结构。但是，经济理论的优劣，主要看它的客观性、分析力和实用性，因而理论框架的形式及其构造是否得当，要看它能否容纳主要的经济活动，进行清晰的逻辑分析，得出行之有效的政策结论。

我国经济理论最主要的缺陷是理论和实践的脱节。迄今我国经济理论界从质与量两方面所做的归纳性研究，都远不足为一门比较完善的抽象理论体系提供可靠的前提和恰当的理论要素。

中华人民共和国成立后，我们的经济理论研究直接发端于苏联模式，核心是论证社会主义公有制的优越性。理论中提到的一些特征和规律不是从现实中归纳得出，而是理论表述在先，实践迎合在后。一些应作为研究结果的结论在研究之前已被先验地确定。在出发点和终结点已预先规定的前提下，理论研究的重点不是实质内容，而是只接受逻辑检验的表述方式。长久如此，理论的客观性和实践性几乎丧失殆尽。但是，马克思所阐明的资本主义经济制度的固有弊病，并非由私有制推演得出，而是从大量的事实和统计资料中归纳得到的。我们不能抛弃这种科学而艰苦的方法。

在我国经济理论中几乎看不到对基本经济事实的系统搜集、概括和理论要素的选择、抽象过程，也没有考察它所继承的、产生于异地异时的理论模式所依据的事实背景和我国情况的异同性。可以说，理论不能证明它是现实的恰当抽象形式。实际状况是，将许多重要特征和主要过程排斥在外，理论就不可能进行合理的抽象研究，由于许多重要环节被舍弃、简化或不当联结，理论的逻辑推演过程就不是实践问题的进程。

最近几年，我国经济理论界探索范围有所扩大，特别注重介绍和采用当代西方经济理论分析中国问题。这股潮流冲破了故步自封、闭关锁国的状况，展示了全球范围内理论研究的进展和成就。与此同时，对这些理论也出现了不顾背景全盘照搬的做法。这些理论中的许多假设，如完备的市场、自由竞争、生产要素的灵活流动、较好的供需弹性等，即使和西方国家的实况也难完全符合，中国的情形则更是迥然的异态。显然，不能不加考察地照搬套用，特别是不能取代对我国经济现实的分析和归纳。

综上所述，社会主义经济理论尚不具备以纯粹抽象形态出现的条件，而需要更多地考察、分析我国经济活动的实况，首先解决理论和现实的衔接问题，因此归纳性研究就必不可少。首先，需要以此辨明促进或阻碍经济发展的主要因素和作用方式；其次，归纳性研究要考察各要素之间的真实联系方式，否则，即使最初的选择恰当合理，也会因联系方式不当使由这些要素联结而成的模式和实际过程不符，尤其容易丧失阐明因果关系的功能。如果为了论述方便或保证逻辑关系的严密和连贯性，随意采取“其他条件不变”这种并不存在的假设，对客观现实施加任意的限制，把一些重要原因排斥在外，就会夸大某些潜力有限的动因的作用，扭曲事物真正的因果关系。

通过归纳性研究把握实际问题的特征和性质，比较全面地揭示出社会主义经济活动的主要方面和主要过程以及各部分之间的相互关系。在此之后，理论才可能进一步以纯粹抽象的形式出现，取某些假设为开端，以严格的演绎推理模拟经济过程，实现理论研究更高层次的作用:推知那些不能被直接感知即不能由归纳法得到的内在联系和规律，返用于指导实践。

——节选自《归纳性研究与社会主义经济理论的重塑》，《经济研究》1986年第7期。

三　博士研究生时期和近距离接触改革热潮

硕士研究生毕业后，我在陕西财经学院工业经济系当了老师，教书并乐在其中。1985年我结婚了，丈夫刘世锦是西北大学的经济学教师。我们曾多次在陕西青年学者的聚会上碰到，对学术问题都有兴趣，彼此有了好感。他的一位同学看出端倪，牵线使我们结缘。婚后，他说希望能够到北京读书、工作。考虑到两地分居诸多不便，夫愿妇随，我也就准备考北京的博士。1986年夏天，20天内我在北京连考三试：中国社会科学院博士招生考试、中国人民大学博士招生考试、国家教委出国进修资格考试，三个都被录取了。刘世锦也考取了中国社会科学院的博士生。考虑到同在一校生活方便一些，而且中国社会科学院博士生每人一间宿舍，中国人民大学是两人一间，因此我选择了去中国社会科学院工业经济系攻读博士学位。

我的导师是周叔莲先生，他是中国社会科学院工业经济研究所的第三任所长。他早期曾与著名经济学家孙冶方等人共事，研究国有企业管理等问题，是这个领域的权威。在中国经济学界，他较早从理论上论证了国有企业有必要也有可能实行自负盈亏，研究了国有企业的激励机制问题。老师给我讲过许多当年国有企业吃“大锅饭”、缺乏激励机制时的不合理行为。比如，他在调研中发现建筑工地上的工人为了省事，用铁锹将装水泥的袋子从中间砍断倒出水泥，浪费很大。如果能用几分钱的价格回收这些袋子，就能解决这个问题。因此他和吴敬琏、汪海波三人合作，写了《论社会主义工资及其具体形式》一文，成了为工资和奖金恢复名誉的第一篇重头文章。后来，周老师在企业改革与企业管理问题、国有企业自主经营自负盈亏问题、产业结构问题、产业政策问题、所有权经营权分离问题等诸多方面，都取得了开拓性、奠基性的丰硕成果。

周老师和学生的相处很有特点，基本不过问学习之外的事情，很少闲聊。但谈起研究工作和学术问题，他就会很兴奋，用比较难懂的口音认真讲述他的观点。周老师忧国忧民，国家发展出现大的波折时，我们从他眉宇之间就能辨认出来，学生们私下会议论，周老师又揪心了。周老师喜怒形于色，他当所长时我们经常听到他因着急而高声与人说话。但老师的本质非常宽容厚道，从不与我们谈论与其同辈的其他学者，即使对那些人皆责怪的人和事，他最多也就不以为然地一笑了之。他退休后，我每去看望他，他既不愿让我久坐耽误时间，又很想多讨论一些时事和理论问题，于是招呼我落座之后几乎不寒暄而直接开谈。2018年周老师去世后，我们全家都很难过，女儿红着眼眶说周爷爷不在了，世上少了一个真心爱她的人。我很吃惊，因为她和周老师虽然常常见面，但并没有长时间地相处，周老师也并不善于哄孩子，但女儿说她从小就能从周爷爷的笑容和话语中感受到真心的疼爱。

后来有些后辈学者认为，老一辈经济学者的理论研究“不专业”。这种状况确实有政治背景和教育背景的影响，但更多还是时代的烙印。他们在传统体制中生活了那么多年，对其弊病有深切了解，无须做那些囿于细节的模型和数据来论证。同时，又有那么多需要拨乱反正的重要理念要宣扬，那么多方向性的选择要把握，如此种种，注定当不成象牙塔里的“学问人”。当现实世界快速发生着根本变化时，他们自然会到有限书本知识以外的世界里寻求解决方案。其他领域我不清楚，在我观察到的经济学领域，多数学者的研究特点，都受到时代特征和他个人经历的影响。

当时，老一辈决策者和学者即使自身思想解放，也要受到很多外部条件的约束，只有折中和变通才能前进。我听黄范章先生讲过一个例子：20世纪80年代初期兴办特区并非一帆风顺，例如港澳投资者提出让我们提供土地由他们出资金搞建设，相当于我们出租土地，但在当时这是背离马列主义的原则问题，无法操作。后来学者们居然在马列原著中找到这样的表述，意思说消灭土地私有制后仍然可以有地租，只不过地租不属于私人而应该由社会使用。由此，才能将土地租给港澳投资者，并将地租改名为土地使用费，这个名称一直沿用至今。

1986年，中国社会科学院工业经济系共招收了四名学生，除了我们夫妇外，还有张冀湘和盛洪两位同学。张冀湘来自湖南，为人忠厚诚恳，学习认真踏实，很得老师和同学的尊重喜爱，是我们这一级的学生党支部书记，毕业后一直在财政部工作。盛洪是北京人，入学时已经小有名气。他在校期间以及之后花了很大精力，充满热情地将“新制度经济学”引入国内学术界，组织翻译了这个领域的一些权威文献，包括科斯教授的论文集《论生产的制度结构》，主编了新制度经济学领域的经典论文集《现代制度经济学》，还写了不少评介文章，对新制度经济学在中国的传播、发展起到了重要作用。此后他一直活跃在学术界，研究领域包括经济、社会和文化等方面。盛洪很有特点，不认识时看上去有一点不羁，接触后就能发现他思考问题理性冷静，为人处世真诚热情。

到了北京后，我接触到更多优秀学者和大量新思想新理念，眼界和思路进一步开阔。

和同时代的人一样，我们都是从学习马克思主义政治经济学开始的。马克思主义政治经济学是一个很伟大的学说，从广义上的生产力与生产关系的角度去考察社会动态变化，是非常有洞察力的。可惜的是在当时的中国，经济学理论只此一家，不管事情大小，无论是否合适，都要用马克思主义理论来解释，牵强的东西太多，受到人们质疑也不足为怪了。当人们在那种精致可计量的模型中间消磨很多时间之后，又会发现马克思主义揭示的规律还是非常重要的，表明了科学理解社会和经济行为、预测社会和经济发展趋势的可能性。后来我的研究偏向实证，分析工具也不断增多，但是这种探究规律、探究真伪的理念始终影响着我的判断和选择。

20世纪80年代中期的北京，经济理论界十分活跃，在引入和创新两条线上，新思想、新观念层出不穷。我记忆中起码有以下几件大事。

第一件事是世界银行的报告。1984年，世界银行组织了庞大的团队，对中国经济进行全面考察，写出了《中国：长期发展面临的问题与选择》的报告。这个报告对中国国情做了深入研究，比较分析了国际经验，提出了今后改革发展的可选方案。在当时，其内容和观念颇为新颖，受到了国家领导人和经济学家的高度重视。1987年，世界银行的年度发展报告是《工业化与外贸》，许多提法对我们都很有启发。后来我选择“中国工业发展与对外经济贸易的关系”作为博士论文的主题，与受到这份报告的影响有直接关系。

第二件事是巴山轮会议。1985年底，国家经济体制改革委员会、中国社科院、国务院发展研究中心和世界银行共同召开了一次宏观经济管理国际研讨会，会议在重庆至武汉的长江游轮“巴山号”上举行，中外都有重量级专家参加。中国方面有薛暮桥、安志文、马洪、高尚全等政府官员，也有刘国光、吴敬琏、赵人伟、周叔莲、张卓元等著名学者，还有一批中青年学者如楼继伟、郭树清等。会议的主题是改革过程中的宏观经济管理，研讨当时中国应该如何在增长和改革过程中保持宏观经济的稳定性。同时，会议也讨论了适合中国特点的宏观经济理论的相关问题。后来周老师让我看过一些当时的记录稿和给中央写的报告，说当时大家都感觉到传统的社会主义经济学理论有局限性，引进一些东欧改革的理论似乎也不能解决问题。周老师还特别提到，西方学者希望用“市场经济”的提法，而中国学者观点不太统一，有些人希望提“宏观调控下的市场经济”，有些人认为还是提“商品经济”比较稳妥，最后折中为“发展商品经济和完善市场体系”。周老师对科尔奈的国有企业软预算约束理论评价很高，认为能够解释中国国有企业的问题和把握好改革目标。这些看法、提法和建议对我非常有启发，让我感觉到现代经济理论很有力量，也很有意思。

第三件事是中央决定发展有计划的商品经济和推进国有企业改革。1984年10月召开的中共十二届三中全会，通过了《中共中央关于经济体制改革的决定》，明确了改革的方向是“公有制基础上的有计划的商品经济”。至此，商品经济的提法被确定下来。1985年秋季召开的中共十二届四中全会，通过《中共中央关于制定国民经济和社会发展第七个五年计划的建议（草案）》，提出了一系列改革部署，包括将国有企业改造为自主经营自负盈亏的商品生产者和经营者，发展由商品市场、资本市场、劳动力市场等组成的市场体系，国家对经济的调控逐渐转为以间接调控为主等。

总之，在这个阶段，我充分感受到了国内中青年学者和学生的改革热情及责任意识，认为可以大有作为的年代到了。中国社科院研究生院改革氛围浓厚，几乎天天有讲座，周周有论坛，那些有思想、有观点、有口才的中青年学者是耀眼的明星，他们指点江山，激扬文字，去听他们的演讲要早早占座。记得有一次周其仁先生来研究生院作报告，报告厅里座无虚席，所有空处都挤满了人。周先生确实水平高，思想和口才都十分了得，一时间成为全院学子心中的“高人”。还有郭树清、樊纲、王逸舟等人的报告也引起较大反响。郭树清当时刚从国外留学回来，又深度参与了改革方案的研究制定，还参加过巴山轮会议，做起报告有理论、有实践、有比较，辞达理畅，大家都爱听。据传他的万字演讲稿是秉烛夜书、一气呵成的。现在回想起来，那真是一个让人激情澎湃的年代。

四 改革中一次波折引起的思考

但是紧接着，改革碰到了一次挫折，即价格改革“闯关”的不成功。20世纪80年代初期，为了鼓励增加产量，国家陆续对农产品和石油、煤炭等生产资料实行了双轨价格，即企业在计划外多生产的产品可以按政府制定的“计划外价格”甚至市场价格出售。1984年中共十二届三中全会进一步明确企业可以将部分产品自行销售。尽管中央已经有了明确方针，但是在20世纪80年代中期，对能否放开价格、用价格机制来调节商品的生产和流通仍有很大争议。主张加快价格改革观点的依据是市场价格应该成为调节商品生产的主要手段，在反对加快价格改革的人中，多数并不是从传统观念出发认同计划价格，而是认为当时一些产品供应短缺，放开价格可能会导致物价剧烈上涨引发通货膨胀。1985年，政府推出的价格改革方案采取了折中的办法：一是有计划地小步走，分批逐渐放开消费品价格；二是继续实行生产资料价格双轨制。后来许许多多本质上为“双轨制”政策，比如“老人老办法”“新人新办法”“调放结合”“存量不动，增量调整”等，可能都是从当年价格双轨制改革中受到的启发。有意思的是，当时方案出台时，持两种观点的人都不满意，但改革的当期效果挺好，价格放开的商品供给迅速增加，物价短期上升后就稳定下来，政府还给予居民适当补贴，这个过程符合预期又平稳顺利。这是我第一次体会到，好的改革方案可能不是某一方面特别满意的方案，而是各方面都能接受的方案。

但是，稍后就出现了新问题：一批有权力或有“路子”的人，开始利用这种制度套利。他们利用自己体制内的资源和双轨差价，拿到计划内的低价产品，再以计划外的价格出售，翻手就是30%、50%甚至更高的利润，成为改革后的第一批非正当路径的暴富者。价格双轨制被认为是这种腐败现象的制度基础。与此同时，企业也迫切要求扩大企业自主权，更多地按市场规则确定产品价格，提高企业效益。

到了1988年，基于理念和现实的双重压力，中央决定实行“价格闯关”，即放开对大多数产品的价格管制，实现市场定价。现在看一些改革回忆录，谁出的主意谁赞成谁反对说法不一，但决策无疑是当时的领导层。当时我在新西兰留学，在电视上都能看到国内的抢购潮，各种食品、日用品被抢购一空，许多人家中成了小仓库。很快，中央就调整了政策，采取了紧缩的政策，当时称为“治理整顿”。

当时经济学界对这次波折反思的一种流行观点是，改革是对的，“闯关”也没有错，问题出在老百姓的非理性行为以及某些集团“不顾全局”的错误行为，形成了改革推进的障碍和破坏力量。当时这类说法盛行：中央本来部署了各部门协调发展，但由于部分企业“盲目投资和生产”导致经济过热和失衡；中央本来部署了合理引进先进技术，却因地方和企业“只管局部利益和眼前利益”多头引进导致生产过剩；等等。或者认为，方案本身是正确的，但“保守的政治家在实施中作了过多修改和让步”。这种思路甚至在某种程度上延续到现在。

这种观点引发我的困惑和思考，市场经济理论有明确的“理性人”假设，为什么在设计改革方案时不将市场主体设定为追求利益最大化的主体，而要寄希望于他们从全局利益考虑问题和作出选择？为什么不能在方案设计时把这些可以预期的反应考虑进去呢？我感到这样的假设会出问题。推进改革只讲大道理行不通，对改革中出现的各种问题特别是各种阻力，要正视而不只是批评，改革的设计和研究，不能只要求结果最优，必须研究改革过程中的利益关系，考虑改革中利益受损者和受益者的反应，这样才能设计出比较符合现实的方案。

现在看，这些都几近常识，但是在20世纪80年代，很少有学者将此因素纳入理论分析框架之中。在博士研究生期间，我把这些研究和思想整理完善，写了一篇论文——《利益制约与对策性研究的改进》，后经过修改发表于《经济研究》1990年第2期。论文提出，不同改革方案的实施程度和实际效果差异很大，各个利益相关方相互作用的净作用，决定着改革的实际效果，简言之，改革是相关利益各方博弈的结果。在正确的改革方向下，含有妥协、利益补偿等考虑内容的方案，在理论上可能不是最优的，但在实践中却是最可行的。这篇论文在当时受到学术界较多关注，在很大程度上拓宽了学术界对改革问题的思考角度。此后，有关改革中利益博弈问题的研究逐渐多了起来。

专栏二　利益制约与对策性研究的改进（1990年）

在中国经济改革与发展的过程中，各项政策措施的实施程度大相径庭，效果也往往与初衷迥异，这些现象提示我们，各种方案或政策体系的实施过程，受到某种有选择能力的因素的重要影响。

这个因素就是不同社会集团因自身利益受到改革措施影响而产生的不同态度。反观任何得以顺利实施的改革与发展措施，都有受益显著的社会阶层的积极响应与合作。农村改革的直接受益者是几亿农民，企业工资制度改革的结果是职工收入明显增加，价格双轨制中的平议差价和为获得平价物资而产生的“寻租行为”，使平、议价物资的持有者皆能受惠。这类直接得益者明显的改革方案推进顺利。另外一些改革方案在执行中却走形变样，如按专业化原则改组工业的设想，衍生出大量的行政性公司，计划流通体制的改革变异出声势颇大的“官倒”现象。实践表明，与改革相关的各个阶层，对各方案和措施不会是中性的反应，而是依据自身的利益进行评判修正，有选择地接受或抵制。

就对策研究而言，应该加强对具体问题的具体分析。

比如，要具体研究主要涉及对象的可能反应方式，否则提出的对策有时达不到预期效果。例如，在当前的体制环境下，国有企业的厂长经理和职工主要追求的目标是什么？笼统地讲，行为短期化并没有为对策设计提供所需的信息。例如，厂长经理是追求产量产值最大化、个人收益最大化、厂内信誉最大化、争取上级好感最大化，还是社会声誉最大化，尚缺乏建立在可靠的经验材料上的具体分析和排序。在这种状况下，设计出的约束企业行为短期化对策的针对性就不够强。

再如，要揭示各种方案和措施的负面影响及实施成本。我们以往主要考虑各种方案的必要性、可能性和正向效应，忽视其成本、代价和消极作用。例如财政分灶吃饭，基本上达到了调动企业和地方的积极性、保证中央财政收入的目的，但代价也是高昂的。地方政府为了财政收入，表现出强烈的投资倾向、封锁市场的倾向和倾斜于加工工业的倾向。因此，在设计和比较方案时，应该同时考虑收益和成本，有明确的净收益概念。

再者，还要研究决策者的利益取向及其制约。通常人们假定他们能够“中性”或纯客观地分析评判问题和设计方案，但实际上他们也有各自的特殊利益，并不天然是“中立者”或全民利益的代表。加进这种估计之后，问题变得更加复杂，产生了谁来监督设计者和决策者的难题。政府并不是没有主观意愿的抽象物，而是由各级组织和各级工作人员组成的集体，有其自身相对独立的利益。由于他们握有决策权，那么谁来控制他们的判断和选择不向其利益所在方向倾斜？例如，在任期间建树卓著的愿望往往导致选择急功近利、易见成效的项目，再如种种“设租”“寻租”的行为等。总之，已有改革措施实施效果的差异，有些可以从改革各相关方利益取向的角度得到解释。今后设计新的改革措施，应该加大利益博弈这个因素的权重。

——节选自《利益制约与对策性研究的改进》，《经济研究》1990年第2期。

对这个问题的思考和研究，让我更多地理解人们立场和观点不同的多种成因，养成了辨别不同观点的利益背景、理念背景和理性背景的习惯。

五 出国与眼界

在陕西财经学院当老师时，学校推荐我参加出国访问学者考试，我顺利通过。虽然我之后到了北京攻读博士研究生，但通过考试的就只有我一人，学校还是允许我使用这个名额出国。因此在到北京一年多后，1987年11月，我到了新西兰惠灵顿维多利亚大学做访问学者。机会难得，虽然大使馆教育处建议选听3~4门课，但我先后选修了8门课程。

在新西兰做访问学者期间（右二为江小涓）

我当时设想，压力会来自理解、作业和考试。但上课后我才发现，主要的压力是阅读量大。每一次上课，老师都要指定大量的阅读资料，多达十几篇（本）甚至几十篇（本），包括这个领域有影响又观点各异的代表性论著，下一次上课的内容可能就是讨论这些文献及其中的不同观点。这种方法对我这个英文底子差的外国学生来说，阅读和表达的负担可想而知，但同时收获也很大。

我印象深刻的有这样几门课程，一门是发展经济学。我在出国之前已熟读国内这个领域的专业书，自以为有了一些见解和思考，但国外的学习使我明白，我读过的东西太少，我思考的问题，早有各种各样的研究成果，我们在国内认为已经有定论的“正确”理论和“错误”理论、“好”的发展模式和“坏”的发展模式，原来存在那么多的不同观点和不同形态。例如，我们长期推崇的“自力更生”的发展模式与我们以往持批评态度的“国际分工”发展模式，都有许多国家实践过，从效果上看，并分不出绝对的优劣，采用两种方式的国家既有增长较快的，也有增长较慢的。重要的是一个国家能够根据自己当时的内外部条件，在两种方式之间做出恰当的选择。

另一门课是社会科学方法论，类似于现在的批判性思维课程，对社会科学各种思想进行批判性思考。学习这门课程，强化了我以前就模糊感觉到的没有什么理论能放之四海而皆准的认识，也理解了学习应该多元化，应全面了解经典学派的经典文献。只有这样做，理论分析的“工具箱”才会更丰富和完善。

还有一门课是布坎南的公共选择理论，当时他刚刚获得诺贝尔经济学奖。一次与一位教授闲谈，他感叹没有中国学生选择上这门课，我出于好奇去听了一次，感到智识上大受启发，扩充了自己的视野，于是就选修了这门课，并对“公共选择理论”非常认同。后来回国后研究产业政策问题时，我就借鉴了公共选择理论，并确认了这个理论在分析决策问题时“好使”。

我渐渐体会到，学术领域中思想方法的偏执与狭窄，在很大程度上源于知识面的限制。亚伯拉罕·林肯曾经说过，假如你唯一的工具是把锤子，那么世界上其余的东西都像是颗钉子。大量阅读可以使你有一个各种工具俱全的“工具箱”，能针对要处理的问题选择合适的“工具”。有些观点和分析给人以不能切中要害或文不对题的感觉，如果不是在学术讨论之外另有目的，可能就是因为“工具”太少。只熟知一种理论以至于形成思维定式的学者，会时时面对这样的窘境：无论现实中的问题超出他们所熟悉的理论有多远，一切经验材料都必须用这个理论体系中有限的概念来表达，一切现象都需要用这个理论来解释，结果是使人更糊涂而不是更明白，“理论”就只能落下迂远而于事无补的名声。稍稍拓宽一些知识眼界就能发现，在这个世界上的其他地方，人们有可能已经用另一种理论较好地解释和解决了同样的问题。

我很珍惜这次机会，并努力学习。每天早上八点之前我就会到学校学习，周末和假期也常常去。后来系里破例为我提供了一间办公室，使我能更专心学习。研修期满后，几位教授和系主任都建议我转读博士学位，并送来了申请表格，校方也很快批准。但当时我父亲身体不好，丈夫刘世锦也表示不愿意我长期在国外生活，考虑再三后我决定回国。除了上述考虑外，我也挺想亲身经历中国的改革过程并研究这些问题。于是我在1989年初回国。今天再看，这是一个合理的选择，中国改革开放40年为学术研究提供了一个无比宽广、形态多样的“试验场”，也为我个人提供了一个足够的发展空间。

在国外生活很方便，记得他们卫生间里会摆一排各式的清洁剂，擦玻璃的、擦灶台的……而我们当时就一种“五洁粉”,什么都用这个。我当时的愿望之一，就是回国后家里也能有微波炉和洗澡设备。访问学者归国时有一些购买进口产品的指标，我买了当时俗称的“四大件”和“四小件”，有电冰箱、电视机、洗衣机、剃须刀、烤面包机等，有些成了当时我们所住学生公寓的“公用”产品，洗衣机差不多每天都有人推出去用，晚饭后同学们时常一起看电视。这种生活一直持续到1989年我博士毕业。

留学期间我在一家烤肉馆打工，老板夫妇都是台湾人，对我很关照，尽可能给我安排在周末和假期上班，发双倍的工资。我也从不偷懒，有时只剩下一两位客人确实事情不多时，我就看书。老板的儿子和我在同一所学校读书，他友好和善，但平日晚上和周末都和朋友们出去玩，似乎学习不够刻苦。老板当年就感慨地说，以后大陆的发展肯定是要超过台湾的，因为大陆勤奋刻苦的年轻人太多了。他确实说对了。2015年，我因公务再次访问了惠灵顿，时隔近30年，那家烤肉馆仍在，但那天是周一，休假不开张，让几位随同我去准备大快朵颐的同事大失所望。从外边望进去，摆在落地大窗旁边的那口平底大炒锅及旁边工作台上的摆设与多年前一模一样。只是不知老板是否换成了我当年的校友。

六 撰写博士论文

回国后离我预计的博士论文答辩时间只有半年了。论文题目我在国外时已经选定，研究工业发展与对外贸易的关系，也收集了不少资料，写出了初稿，因此时间还算充裕。当时，四个经济特区快速发展，陆续又放开十四个沿海城市的试点，对外贸易和吸引外资发展较快，“亚洲四小龙”的经验也被总结为出口导向型发展模式。受这些因素影响，我的博士论文就选择了这个主题。在论文基础上修改完善的专著《中国工业发展与对外经济贸易关系的研究》，获首届中国青年社会科学研究专著类一等奖。

回想起来，在博士论文写作中有两点“意外”的发现和体会。

第一点，中华人民共和国成立后的前30年实际上一直在努力开放。我在查阅文献中发现，中华人民共和国成立以来，我们并不是主动闭关锁国搞自力更生，而是迫于当时的形势做出的选择。即使在那样不利的环境下，我们依然引进了很多的技术和设备，带动了新产业发展和新产品生产。这确实与公开的宣传不同，出乎我的预料。

1949年3月在中国共产党七届二中全会上，毛泽东就讲过，“关于同外国人做生意，那是没有问题的，有生意就得做，并且现在已经开始做，几个资本主义国家的商人正在相互竞争。我们必须尽可能地首先同社会主义国家和人民民主国家做生意，同时也要同资本主义国家做生意。”[①]当年6月，毛泽东在新政治协商会议筹备会议上宣布，“中国人民愿意同世界各国人民实行友好合作，恢复和发展国际间的通商事业，以利发展生产和繁荣经济。”[②]

但是，在中华人民共和国成立之初的历史条件下，只能向苏联一边倒，但这也是对外开放，得到了很多的支持，包括技术和资金支持。中苏关系恶化以后，我们开始直接或间接从西方国家引进多个行业的多套设备。总之，中华人民共和国成立以后，我们努力引进国外先进技术和设备，加快自身工业体系建设。因此，批评那个时代的政策只有保守僵硬的一面是不公平的。参加我博士学位论文答辩的老师们，对这个观点一致表示赞同。

专栏三　中华人民共和国成立后的前30年引进技术的重要作用（1989年）

1．从苏联和东欧国家引进技术

20世纪50年代，是我国大规模工业建设的时期。大批从苏联和东欧国家引进的成套设备工程是建设的

① 毛泽东：《在中国共产党第七届中央委员会第二次全体会议上的报告》。

② 《1949年6月15日：毛泽东在新政治协商会议筹备会上的讲话录音（节选）》，中国共产党新闻网（http://dangshi.people.com.cn/n/2013/0617/c85037-21865778.html）。

中心。“一五”期间，从苏联引进的项目和与之配套的国内工程，两者合计基建投资占全部工业投资的50%左右，其中规模较大的有156项，此外还有68项从东欧引进的成套设备工程。到1957年底，我国机械工业制造了几千种新产品，其中绝大多数是仿照苏联、东欧国家提供的图样制成的。到1960年，全国新增的生产能力中引进项目能力所占的比重，钢为42%，钢材为58%，发电机组容量和合成氯均为45%。通过技术引进，我国在“一五”期间建立了六类新的工业部门。

一是建立了重要机器设备制造业。能够制造重型汽车、高效率机床、自动化高炉、平炉、联合采煤机、发电设备等几十类新产品，机器设备自给率由中华人民共和国成立初期的20%左右提高到60%左右。

二是建立了航空工业。能够批量生产喷气式飞机，并试制了多用途的民用飞机。

三是建立了合金钢、无缝钢管、大型钢材等行业。能够生产的钢材品种由1952年的180多种增加到370多种。钢材自给率由中华人民共和国成立初期不到10%上升到80%。

四是建立了铝及其他有色金属的冶炼和加工工业。从根本上改变了中华人民共和国成立之前只采矿不冶炼，国内使用有色金属全部依赖进口的局面。

五是建立了一些重要化工产业。能够生产高级染料、工业和航空油漆、塑料、磷肥、抗生素、飞机轮胎及特种橡胶制品等产品，化工产品品种增加了近1000种。

六是建立了无线电和有线电工业。能够制造包括收发报机、自动电话交换机在内的电讯设备。

2．从西方国家引进技术

中苏关系恶化后，20世纪60年代上半期中国转向寻求从西方国家引进技术。包括从日本引进的维尼龙设备，从英国引进合成氨项目和聚乙烯成套设备，从意大利引进化肥生产设备和石油加工联合装置成套设备，从德国和法国引进了化工生产的成套设备等。还有氧气顶吹转炉炼钢、大型电炉炼钢、合金钢冶炼轧制等金属冶炼和加工技术，新型建筑材料、半导体材料的制造技术，以及24吨柴油载重卡车的制造技术等。经过这一时期的技术引进工作，我国石油化工、化学工业、冶金工业、半导体工业等行业某些关键生产技术明显提高，得到较快发展。

3．“文革”后的技术引进

1973年和1977年，我国两次制定了大规模的引进计划。仅1978年就签约了22项大型引进项目，其中包括上海宝山钢铁厂、大庆石油化工厂、山东石油化工厂、北京东方红化工厂各1套30万吨乙烯生产装置，南京石化总厂2套30万吨乙烯生产装置等，还引进了多套合成氨生产装置、100套综合采煤机组以及铜、铝、合成革，彩色电视等设备和技术。加上1973年那次引进，大大提高了一些重要短线产品的产量。

——节选自博士论文《中国工业发展与对外经济贸易关系的研究》，中国社会科学院，1989年。修改后的内容可见《中国工业发展与对外经济贸易关系的研究》，经济管理出版社，1993年。

第二点，今后我们可能面临较多贸易摩擦。我在论文撰写中查阅文献时看到历史上许多贸易纠纷的例子，预感到未来中国也会碰到这类问题。在论文中我分析了20世纪80年代初中期中美纺织品贸易争端问题，认为发达国家并不肯放弃对它们不具备竞争力行业的保护政策，一旦中国的出口对其国内行业形成威胁时，就会碰到强硬的贸易障碍。现在，我们成为全球第一大出口国和第二大进口国，与不少国家特别是美国出现了贸易争端问题。这种状况受美国当局倾向性的影响，也在一定程度上符合历史经验。

专栏四　中美纺织品贸易争端（1989年）

中国作为一个大国，大宗出口产品今后受发达国家贸易保护主义限制的可能性很大，已经发生的典型实例，是中美纺织品贸易争端。

20世纪70年代中期以后，美国是中国纺织品最大的出口市场。1982年，中国对美纺织品出口额为2.26亿美元，占美国纺织品进口总额的8.6%，排名第二；对美服装出口额为6.12亿美元，占美国服装进口总额的7.8%，排名第四。从价格竞争力上看，中国纺织工业劳动力成本最低，据估算在20世纪80年代初期只有韩国的1/7，美国的1/30，因此中国对美纺织品和服装出口有很大的增长空间。

但是，纺织品、服装自20世纪50年代起就是美国贸易保护主义的主要对象之一。20世纪70年代末80年代初期，美国国内正面临制造业开工不足和工人严重失业的问题，纺织工业因受到进口产品的冲击，困境更加明显，强烈要求政府限制进口。虽然美国的纺织品进口限制政策不只是针对中国，但中国刚刚开始较大规模地向美国出口纺织品，并且可望保持较高的增长率，因此受到的影响最严重。

1979年，美国单方面宣布对中国的7大类纺织品实行进口限额。虽然中国政府就此与美国政府反复进行谈判，但美国政府不愿做出让步。1980年底，受到限制的品类增加到8个，1981年底配额种类已扩大到14个，1982年底，再次增加了限制的种类，使配额种类上升到33个。1983年9月达成的第二个纺织品贸易协定，规定中国配额种类为31类，共计34个品种。美方的让步是同意中国配额年增长率在以后5年为5%，中国则在使用配额的年灵活度、配额挪用限度等方面做了一些让步。然而此后不到5个月，美国又向中国提出对18个种类的纺织品进行协商实行限额。1985年3月，中美两国协商达成了对9类新纺织品的配额。

美方还于1984年8月单方面宣布对进口纺织品实行“原产地国”新规定，对中国纺织品出口产生严重的不利影响。按照这一规定，各个国家或地区加工、制造的纺织品和成衣，必须经过“实质改变”才能以该国或地区作为最后产地来源。这一规定对于中国内地向香港等地的纺织品出口产生直接的限制作用。1982年，中国内地输港纺织品和服装总额占中国出口纺织品和服装总额的29%，这些产品一半以上通过香港加工后再出口到其他国家，其中相当部分进入美国。按照美国“原产地国”的规定，这些经香港再加工的产品都可能被记入中国的配额。

中美纺织品贸易争端说明，发达国家并不肯放弃对它们不具备竞争力行业的保护政策，一旦进口商品对其国内行业形成威胁时，就会碰到强硬的贸易障碍。

——节选自作者博士论文，见专栏三。

叁

在中国社科院工业经济研究所工作的7年

1989年6月，我获得博士学位，进入中国社会科学院工业经济研究所工作。

社科院工业经济研究所是一个有着重要学术地位的研究所，马洪先生、蒋一苇先生分别是首任和第二任所长，他们都是贡献突出和声望卓著的理论界领军人物。马洪先生更是参与过许多重要决策，是我国改革开放进程中经济决策咨询工作的开拓者。他坚定地提倡改革，又主张稳健稳妥。后来我有幸跟着他出过几次差，聆听过他对一些问题的认识，有深切体会。第三任所长周叔莲是我的博士导师，第四任所长是张卓元先生，两位也都是改革开放过程中理论贡献很大的学者。我在读博士期间就知道马洪先生、周叔莲先生和张卓元先生在20世纪80年代中期写过一个著名的报告《关于社会主义制度下的商品经济》，呈送给了时任中央主要领导人。后来中共十二届三中全会明确了要搞公有制基础上的商品经济，他们做出了重要贡献。

而我进研究所时所在的工业发展研究室更是曾有过一位著名的室主任——朱镕基同志。我进研究所时的办公桌恰好是他用过的桌子，其中一个抽屉里还有一捆他的手稿《论企业管理》。他时任上海市市长，我请去上海出差的陈惠芹老师请示他如何处理这些手稿，回答说“不用留了”，于是我就当废纸处理了，日后当然很后悔。两年后我也担任了这个研究室的主任。1998年我去朱总理办公室汇报工作时，他还提及此事，笑道：“你就是江小涓啊，接了我的位子，坐了我的桌子，还卖了我的稿子。”一时在社科院传为趣谈。

我进研究所工作时，中国改革开放已经10年，改变很多，变化很快，积累下来的问题和矛盾也不少，对学术研究和理论解释的需求广泛而紧迫。同时，理论供给不充分，苏联的计划经济理论已不适用，从西方引入的现代经济理论也不能直接搬来解释当时中国的问题，实践需要理论创新。但是，这个时期的理论研究也有不少困难。当时我的体会有两点：第一，现实变化很快，而且是不连续和非边际性的，要找出持续存在的变量有困难，确定其权重和相互关系就更困难了；第二，寻找数据困难，特别是口径一致、有较长时间跨度和较宽覆盖面的“系统”数据很困难。当时，大量的改革实践是从底层发动的，不同行业、不同企业的行为差异很大，宏观层面的汇总数据并不具有“全面”的意义，甚至不具备“趋势”或“代表性”的意义，往往只是一组发散性数据的“平均数”。因此，使用“外推”“回归”“加总”和“比较”等方法都容易产生谬误。这种情况下，构建“一般性”的分析框架即学术意义上的“理论创新”不太容易。

因此，我在工业经济研究所工作七年多，采用较多的研究方法，是在调研的基础上做实证研究。几年下来，我调研过二十多个行业，各类企业几百家，各类经济区几十个。调研的广度和深度，此后再未能重现。这些调查使我深刻认识到了工业改革发展中各个层面的实际情况，对研究工作中提出问题、分析原因、提出对策等很有帮助。读博期间和工作后，我放弃过不少有“费用”的拼盘式研究，但只要时间允许，凡有调研的机会我都会去。

在工业经济研究所工作期间，我重点研究的问题有以下几个方面。

一 工业发展研究

我进入工业经济研究所时，正是1988年“价格闯关”引起抢购和高通胀问题后实行治理整顿的时期。当时环境下的治理整顿本质上就是实行紧缩政策，1988年9月举行的十三届三中全会指出，治理经济环境，主要是压缩社会总需求，抵制通货膨胀。1988—1989年，两年间出台了多项紧缩政策，多项政策重合发力，经济增长速度从1987年的11.69%和1988年的11.23%猛降至1989年的4.19%和1990年的3.91%。如此大起大落，前几年急剧扩张的生产能力碰到严峻的市场约束，许多企业甚至整个行业都陷入经营困境。例如洗衣机行业的排头兵企业上海洗衣机总厂、宁波洗衣机总厂和万宝洗衣机总厂，资金利润率分别从1987年的80%、49%和30.73%骤降至1989年的-9%、-8.51%和-47.12%，多个消费品制造行业都出现了类似情况。

在这种形势下，各方对工业发展问题高度关注，相对悲观的观点不少。我刚在国外学习发展经济学时看过不少国家的案例，博士论文是研究工业发展与对外贸易问题，到各地调研开会也能感受到极为强劲的发展动力和广阔的发展空间。种种因素叠加，我很看好中国工业中长期发展前景，认为当时的起落是短期调整。当时国内一批学者正在策划出版一套“21世纪中国与世界丛书”，我就与刘世锦合作写了其中的《后来居上——中国工业发展新时期展望》一书，对此后几十年中国工业发展做了相当乐观的预测。中国既具备工业持续发展所需的一般有利条件，还具有国情和体制方面的特殊有利条件。同时，那些制约工业增长的不利因素，如资源能源和技术约束，可以通过对外开放来减弱甚至消除。因此，无论从国际经验还是从我国的实际出发，中国工业发展都具备持续较高速度增长的条件。当时在书中已经提出，中国工业的增长将要出现世界发展史上的奇迹。当时工业发展面临不少困难，提出上述观点引来不少批评意见，被认为是套用国外发展经济学理论研究中国问题，盲目乐观。现在回想，当时很有信心提出这个观点，基础是对经济问题的直觉和对中国社会多个层面强劲发展动力的理解，理论依据是次要的。20世纪90年代中期，我又写了一本类似内容的书《世纪之交的工业结构升级》，增加了更多的分析性、研究性内容，结论仍然是：中国工业中长期发展前景乐观。

专栏五　创造奇迹——对中国工业发展的预测和展望（1991年）

得益于以下条件，中国工业将在本世纪最后10年和下世纪前10年持续快速增长，创造全球工业发展的一个“奇迹”。

1．“无障碍”的中国：与其他发展经济体相比

中国今后的工业发展中存在着许多要克服的困难，然而发展经济学认为的难以克服的“多种障碍综合征”，在中国或不存在，或者能够克服。

积累率高。进入改革开放时期，中央财政用于积累的支出的比例持续下降，全社会积累率不降反升，在

1984年以后连年高达35%左右，因此相当的比例是“自愿储蓄”。从趋势看，未来较长时间，中国不会陷入储蓄率过低这种困境之中。

政局稳定。政局稳定是不可或缺的发展条件，更是全球化时代吸引国外长期投资和技术的关键因素。

多元发展动力。近10年来，除国有企业外，新的经济主体表现出极强的增长势头，如各种非国有企业和中外合资企业等，都在持续高速增长。

国际环境变化的影响较弱。中国是一个大国，无论从资源条件还是市场容量看，受不利国际环境的影响较弱。当然，有利的国际环境更有利于工业发展。

科学技术能力较强。中国的教育普及率及科技人员占总人口的比重，在低收入国家中是名列前茅的。中国现在是世界上少数拥有外层空间开发技术的国家之一，是少数在南极建立了永久性观测站的国家之一。中国的应用技术开发能力也较强，1988年有217项成果获国家发明奖，都是具有世界先进水平的实用性技术成果。

经济管理人才多。近10年来无论是国有企业还是非国有企业的领导者，他们在中国计划与市场、改革与发展混合交织的复杂环境之中，内部管理和外部经营的能力都显著提高。

2．两个独特优势

中国工业发展的前景除了没有难以逾越的障碍之外，还有大多数发展中国家所不具备的两大优势。

大国优势。工业发展过程是市场规模扩大的过程，中国这方面的优势非常突出，几乎所有的工业行业都有可能依靠国内市场同时满足经济规模和保持竞争的双重要求，这对大多数发展中国家来说都是不可企及的。

后发优势。所有相对落后国家都具有理论上的“后发优势”，然而，这种优势的实现要求一些基础条件，如道路、电力、受过教育的劳动力、相对较好的科技能力等。这些方面，中国具有必备条件，而且有些达到了相对较高的水平。

历史将会见证中国工业后来居上创造奇迹的过程。

——节选自《后来居上——中国工业发展新时期展望》，中信出版社，1991年。

此后30年，我国经济持续高速增长带来国内大市场持续快速扩张，多种所有制企业相互竞争的压力促使企业不断创新发展，全球化深入发展提供了利用国内国外两个市场、组合国内国外两种资源的多种机遇。在这个大背景下，中国工业持续快速发展、技术不断升级、结构持续改善，成为位列全球第一的工业大国，实现了后来居上。

二 产业政策研究

我是国内最早引入公共选择理论研究产业政策的学者，缘起于我在国外访学时，听过布坎南公共选择理论的有关课程。

关于产业政策，我在陕西财经学院读硕士研究生时就有过实际调研和理论思考。20世纪80年代初期，西安几个军工企业开始生产民用产品，这些企业的技术水平和产品质量都是最好的，但有些却竞争不过乡镇企业。当时我刚上研究生，随老师调研这个问题。虽然老师们写的调研报告将其主要归咎为乡镇企业竞争手段灵活甚至“不合法”，例如给商场或单位的采购者一些好处，但是，调研中听到看到的内容，使我并不满意这样的结论。例如，我们调研的一个企业是一家机械厂，是在全国都数得上的军工厂，在当时也转而生产电风扇，其产品在当时被认为是技术和质量最高的，但是在这一年的出口商品交易会上，这个厂的订单量远远少于一些“低水平”的乡镇企业。后来，我又专门调研为什么国外不买这个企业的电风扇。这款高端的落地式电风扇是多功能的，可以调节高度，可以180°旋转，还有收音机和照明功能，理念是一机多用，但价格也是功能单一、样式简单的台式电扇的数倍。殊不知当时的发达国家电视、空调已经普及，电扇只是辅助排气用，多数放在厨房、车库、储物间等处，而电扇功能越多操作就越复杂。外贸业务员的描述很生动，说外商来看货，按一下开关收音机响了，再按一下灯又亮了，再按又开始旋转，就是风扇片不转。而乡镇企业的产品操作简单，价格便宜，适合市场需求，很受欢迎。

在这个调研中，我知道了国家制定有针对电风扇行业的管理政策，实际上就是后来的产业政策。当时政府认为，几百家电风扇企业太多了，专家也说国外都只是几家大厂生产，有规模效应，品质有保障。当时的轻工业部就组织专家做了调研，测算到1985年，电风扇的全国需求量最多也就1200万台，而当时的生产能力已经超过此数，还有更多的生产能力正在形成。于是，1982年轻工业部下发了控制电风扇行业盲目发展的文件，包括没有批准的企业要停止建设，已经建成的要停产关闭，不允许再建新厂，等等。可是就在当年，中国电风扇产能已经超过5000万台，产量超过4000万台，内销出口各占一半，这项政策实际上并未执行。更有意思的是，那些按照文件标准衡量的好企业并未能在电风扇行业的竞争中取胜，1985年电风扇生产企业前四强，有三家是未经批准“违规”自行建设的企业。

这段时间的调研，可以说在相当程度上影响了我对政府这种管理方式的潜在信任，并对我后来的研究产生影响。

到了20世纪80年代中后期，产业政策成为政府、产业和经济学界共同关注的热点。此时有更多的产业进入类似前期电风扇行业的困境，产能过剩的同时还有更多企业要进入，竞争十分激烈，许多企业处境困难。这类行业包括洗衣机、电冰箱、电视机、纺织、服装、轻型车等。当时国内翻译出版了小宫隆太郎等人的《日本的产业政策》一书，认为产业政策在第二次世界大战后的日本发展中起到了相当重要的作用。对国内各个方面来说，用产业政策调控产业发展有着最大的公约数：赞同市场配置资源者认为它与计划体制相比更有市场倾向，而赞同政府配置资源者认为它与市场相比更有计划成分。因此，产业政策在20世纪80年代中期到90年代中期这段时间，成为政府相关部门管理产业问题的重要手段。具体操作中，产业政策大体是指政府根据所做的规划，用经济、法律、行政手段对产业发展做出引导，并对企业进行选择，让那些“好”企业存在发展，并淘汰“差”企业（前者在当时称为“定点企业”，即政府确定的可以建设和生产的企业，而后者相应称为“非定点企业”）。乍一听，这一政策好像既有市场又有政府，是计划和市场的完美结合，颇具吸引力。但我因有前期研究的基础、国外学习的积累和当下调研的认识，并不愿意跟随潮流接受上述看法。在六七年的时间里，我对不少产业做了较为详细的调研，包括纺织、服装、电视机、电冰箱、洗衣机、汽车、烟草、洗涤用品、电信等多个行业。还对数十家企业做了比较完整的案例研究，并仔细分析了1981—1996年间中央政府出台的69项产业政策。

20世纪90年代初期，我就此问题写了一篇影响较大的论文——《中国推行产业政策中的公共选择问题》，这是国内最早用公共选择理论研究产业政策的论文，构建了分析框架，并据此进行实证研究。这篇论文有两个方面在国内是有突破的：一是将政府在产业政策制定和执行中的行为作为分析对象，而不是想当然地设定为“全局利益”的代表；二是对产业政策来说，“市场失效”并不总是充分或必要条件，因为政府干预的成本可能更高。这篇论文被认为是我国在这个领域规范性研究中具有开创性意义的代表作，获得了1994年度的孙冶方经济科学奖。关于产业政策问题，后来我还做过系列研究，主要成果都列在附录中。

专栏六　中国推行产业政策中的公共选择问题（1993年）

政府制定和执行产业政策的行为是一种典型的非市场决策问题。公共选择理论用经济学的方法研究非市场决策问题，这个理论所关注的问题如非市场决策的原因、决策者的理性和利益取向、行政系统运作的效率和成本、公共利益的显示与判断等，都典型地呈现在产业政策的制定与执行过程中。

近些年来，产业政策在我国受到高度关注。重视产业政策的作用，隐含着如下一些前提：①政府的决策层有愿望和有能力制定出合理的产业政策；②政府的行政执行系统有愿望和有能力有效地推行产业政策；③通过产业政策解决问题比通过市场机制解决问题的成本更低。

然而，中国制定与执行产业政策的实践没有能够为接受这些前提提供充分的证据。产业政策的制定者和执行者在考虑"全局利益"的同时，还有其相对独立的利益取向。这种利益至少包括政府的权力及相关的物质利益、地方利益、部门利益及其他集团利益、个人升迁机会、政府受拥护程度和政局的稳定性等。相当多的案例表明，用产业政策解决产业发展中的问题，可能成本很高。这是一个与"政府失效"有关的问题。当政府由于动机或能力方面存在的原因做出不合理的决策时，产业政策就不但不能引导产业结构更合理，而且还要付出抑制市场竞争积极作用的代价。在有些情况下，将结构问题交给市场去处理，可能反而是相对较优的办法。这与公共选择理论的核心观点是一致的，"市场存在缺陷并不是将问题交给政府去处理的充分理由"。

例如，各个部门和地区在产业结构问题上的"双重标准"现象，如果撇开维护本部门本地区利益的动机和受到来自本部门内部企业的压力这两个方面的因素，就很难找出满意的答案。从公共选择理论的角度观察，部门和地区维护集团利益的行为很好理解，这是它们的"政治利益"以及与"政治利益"相联系的物质利益所决定的。从各个部门和地区政府所处的地位来看，它们对其内部企业的状况负有责任，如果听任大量的新投资者挤占其市场，又不能帮助企业开辟新的市场，就会致使本部门本地区内的企业陷入困境，如亏损、积压、停产等，这些企业自然会对主管部门表示不满，还会要求主管部门给予援助。如果事态严重，还有可能会引起更高层领导、新闻界和社会舆论的指责，收拾这种局面显然是件麻烦事。相比之下，说服中央综合管理部门制定一些保护本部门本地区企业的政策，或自己制定一些类似的政策，所付出的代价要小得多。

本文的分析旨在说明，从中国10多年的经验看，在研究、考虑产业结构调整和产业政策问题时，将政府视为“全局利益”的代表、认为政府能“公正客观”地制定政策的前提有一些经不住检验之处。但是问题也不应被推至另一极端，认为政府只是根据自身利益制定政策。政府的行为介乎于两者之间。随着市场经济的发展，我国政府在决策中面对的问题、诱因和压力，会向市场经济国家政府的处境趋近，因此，以市场经济国家为背景发展起来的有关政府行为的理论和分析工具，能够为我们的研究提供有益的启示和可借鉴之处。

——节选自《中国推行产业政策中的公共选择问题》，《经济研究》1993年第6期。

后来我调到国务院工作，还有领导人见到我开玩笑说批评产业政策的专家来制定产业政策了，我也笑答彼一时此一时，现在的产业政策水平高多了。的确，20世纪90年代后期以来，在当时发改委主要负责产业政策的领导，同时也是一位著名学者的主持下，产业政策已经从当初的选择性政策转向了功能性政策，从由政府选择允许发展的产业和企业转向为企业创造公平的竞争环境、鼓励研究开发、支持国际化等政策目标。后来我也特别强调过产业“退出援助”政策，即对竞争失利企业员工的援助政策，支持产业调整顺利进行。后来我曾经想对上述功能性产业政策的效果做点分析，但工作变化后没能实现。

三 中小企业、产业组织和过度竞争问题研究

改革开始后，我国涌现出大量中小型工业企业，这些企业的生产规模小，产品同质性高，这在当时被指责为不符合现代工业发展规律。我在大量行业和企业调研的基础上提出了以下观点。第一，在供给短缺时期，供给速度比供给规模更重要，因为供需缺口大，商品价格高，这个时期形成的生产能力可获得很高的盈利率，企业重时间甚于重规模，是合理行为。20世纪80年代初中期，中国许多家电企业在达不到所谓的规模经济时效益很好，而在产需基本平衡和产能过剩后，达到规模经济的企业也因面对激烈竞争，利润水平明显降低。第二，较早时期的企业以组装为主，生产规模对收益率和产品质量的影响不明显，营销成本较低，因此在效率和时间上略有优势就能弥补规模劣势。第三，最优规模不是单纯的设备技术指标，而是技术效率、管理效率、体制效率和企业家能力的综合体现，我国不同类型的企业在后几个方面差距甚大，只有企业家最有能力综合考虑几种因素，选择合理规模。

专栏七　高速发展时期企业的合理规模与投资回报（1999年）

改革开放以来，大量中小企业进入电冰箱和洗衣机等家用电器行业，由于单个企业规模小、布局分散、重复建设导致生产能力过剩等，被认为是不合理行为。我并不认可这种分析的思路和结论。

1．不求规模求速度是合理行为

20世纪80年代初期，市场对家用电器的需求增长很快，已有生产能力不能满足需求。此时众多中小企业进入是很合理的选择。在调研中企业是这样算账的：引进一条年产10万台的电冰箱生产线约需要3000万元人民币，当年就可投产，10万台冰箱销售额可达1.5亿元，按10%的销售利润率计算（这个数值在当时是较保守的估计），两年就可以收回投资。以后即使市场变化也没有关系，可以转产。显然，企业并不是“盲目投资”。他们正确地看到，在短缺时期，供给速度最重要。

2．人有但我强是企业对自身竞争力的信心

20世纪80年代初期家电行业的投资增长很快，各方面都认为要出现大量过剩生产能力，许多企业也清楚地看到这种局面。但是一些新进入的企业认为自己有优势，能够在竞争中取胜。事实表明，新企业“后来居上”是普遍现象。

3．迅速淘汰不等于浪费

从经济学的角度讲，一个项目成功与否，不应看其存在的时间长短，而要看其能否收回投资并获得社会平均盈利水平。从这个评价标准出发，在20世纪80年代初中期建设的电冰箱和洗衣机企业，大多数3~5年的时间就能收回投资并有可观盈利。就连最常被人们批评的9

家企业同时从意大利梅洛尼公司引进9条冰箱生产线的现象，也不能认定是“盲目”的行为，其中在1987年底前投产的8条生产线，在1987年和1988年的购买高潮中，就全部收回了投资。洗衣机行业也类似，表现最佳的企业如中山洗衣机厂、上海洗衣机总厂和重庆洗衣机总厂，都有过年度资金利润率超过100%的业绩表现。它们不但不是浪费，反而是很成功的项目。

1984—1990年洗衣机行业主要企业的资金利润率（净值%）

企业名称＼年份	1984年	1985年	1986年	1987年	1988年	1990年
北京白兰电器公司	60.57	51.31	59.91	26.92	7.55	−9.00
上海洗衣机总厂	68.00	108.00	65.00	80.00	66.00	4.88
营口洗衣机总厂	18.90	41.80	37.40	23.40	15.10	−9.80
杭州洗衣机总厂	55.21	38.23	54.71	47.41	27.26	1.72
宁波洗衣机总厂	—	47.97	60.71	48.98	28.46	−8.51
万宝洗衣机总厂	15.05	46.10	51.56	30.73	21.69	−47.12
中山洗衣机厂	3.67	43.34	121.29	89.38	10.05	9.46
重庆洗衣机总厂	28.34	61.40	79.68	113.40	71.60	2.52

4．“优胜劣不汰”是过度竞争的根源

在竞争中失利的国有企业不退出市场，是生产能力长期过剩的重要原因。不能优胜劣汰，必然形成有竞争、无淘汰，强激励、软约束的结果，导致市场机制扭曲，不能有效发挥作用。

——节选自《体制转轨中的增长、绩效与产业组织的变化：对中国若干行业的实证研究》，上海三联出版社、上海人民出版社，1999年。

同一时期，还出现了产业集中度普遍下降的问题，被批评为大量中小企业进入导致规模不经济和产业组织恶化，违背了产业发展规律。我对此说法不认同。我提出，在生产总量迅速扩张的时期，仅看生产集中度下降这个指标，就认为企业存在着生产分散化问题是不全面的。事实上，虽然集中度在下降，但由于市场总规模扩张更快，单个企业生产规模也在较快扩张，许多企业已经达到了规模经济的要求。

专栏八　单个企业生产规模扩大和产业集中度下降并存（1999年）

考察产业组织结构通常使用产业集中度（CR*n*）这个指标。最常使用的有CR4，即最大的4家企业的产出占行业总产出的比重。80年代初期以来，多数制造行业的CR4都呈现出下降趋势，被认为是产业组织结构恶化的标志。然而，在产业高速扩张时期，产业集中度的下降并不意味着产业组织结构的恶化，我的研究表明，产业集中度下降与CR4规模扩大并存。下面表1是轻型汽车行业的情况，表2是家电行业的情况。

表1　轻型汽车行业排名前4位企业的产量变化

年份	产量排名第1企业		产量排名第2企业		产量排名第3企业		产量排名第4企业		平均产量/辆
	企业简称	产量/辆	企业简称	产量/辆	企业简称	产量/辆	企业简称	产量/辆	
1979年	南京汽车	13303	北京二汽	8750	武汉汽车	4220	上海汽车	3302	7394
1985年	南京汽车	22265	北京二汽	19000	天津汽车	18300	沈阳汽车	13589	18289

（续表）

年份	产量排名第1企业		产量排名第2企业		产量排名第3企业		产量排名第4企业		平均产量/辆
	企业简称	产量/辆	企业简称	产量/辆	企业简称	产量/辆	企业简称	产量/辆	
1991年	南京汽车	39266	沈阳汽车	18360	北京二汽	17006	天津汽车	12925	21889
1994年	南京汽车	48001	北京轻汽	37410	一汽长春	33067	庆铃汽车	23850	35582

表2　电冰箱和洗衣机行业产量排名前4位企业的平均产量及CR4指数

年份	电冰箱			洗衣机		
	总产量/万台	前4名企业平均产量/万台	CR4/%	总产量/万台	前4名企业平均产量/万台	CR4/%
1982年	10.1	1.86	74.5	253.3	13.4	21.1
1985年	144.8	14.3	39.4	887.2	46.0	20.7
1988年	757.6	55.0	29.0	1046.7	62.2	25.3
1990年	463.1	51.0	44.4	662.7	60.2	36.3
1996年	979.7	—	65.1	1074.7	72.4	—

表1显示，轻型汽车行业在过去10多年中，虽然产业集中度下降，但前4位企业无论是单个企业的产量、4家企业产量之和还是平均产量，都有成倍增长。1979年排名前4位企业产量合计只有29575辆，1994年排名前4位企业产量合计已达142328辆。显然，产业集中度的下降是由于总产量增长更快，而不是企业规模趋小造成的。

表2显示，1982年，电冰箱行业排名前4位企业的生产集中度（CR4）高达74.5%，但这4家企业的产量合计只有7.44万台；在20世纪80年代产量最高的1988年，CR4降到29.0%，而前4位企业的产量合计已达220万台。

显然，在总量规模急速扩张时，仅以某项CRn为根据，认为我国制造业存在普遍的产业组织结构恶化趋势是不恰当的。当产品市场从供不应求转向供过于求、行业总量规模趋于稳定后，产业集中度才可能稳定上升。这正是包括本文几个行业在内的许多制造行业的实际情况。

——节选自《体制转轨中的增长、绩效与产业组织的变化：对中国若干行业的实证研究》，上海三联出版社、上海人民出版社，1999年版。

当时，在社科院经济所和工经所各有一位日本学者，东京大学的田岛教授和日本产业经济研究所的丸川研究员。他们两位做了若干具有日本特色的实地调查，对我很有启发。例如，为了研究中国地方性市场分割问题，他们既研究中央政府和地方政府关于打破地方保护主义、建立全国统一市场的种种文件，也研究地方政府未体现在书面文件中的实际政策和企业的实际行为。比如他们为了观察地方保护主义对汽车工业的影响，就用了半年的时间，到10多个不同类型的城市，在街头计数驶过车辆，计算当地车辆和外地车辆的比例。后来，每当我的学生抱怨没有门路没有办法做实际调研时，我都会告诉他们这个例子。他们两位认为，政府表达的意愿是一方面，市场的实际行为是另一方面。他们还谈到，无论理念或制度有多么不同，很多问题是有共性的，是必然会发生的。比如20世纪60—70年代日本出口高速增长，欧美国家普遍指责日本的国际竞争力靠榨取工人血汗来支撑，与中国后来被攻击的问题很相似，虽然两国的政治体制和经济基础差别很大。

特定产业的案例研究不但对那些被研究产业所特有的问

题有了深入具体的理解，同样也对理解产业发展、产业组织领域的一般性问题提供了很有意义的洞见。可以说我至今受益。

四 改革问题研究

1992年前后，国内开始出现一种流行观点，当时70%以上的产品已经由市场定价，因此认为中国的经济体制已经基本上实现市场经济了。但根据我对产业发展的研究，即使那些产品完全由市场定价的企业，其竞争行为与市场经济中的企业也并不相同。我做了一段时间的测度改革进程和市场化程度的研究，提出要区分改革的“名义进程”和“实际进程”。其中，我认为比较有意义的内容是提出了衡量转轨程度的“三个标准”以及判断市场配置资源完备程度的“六个方面”。“三个标准”是规则标准、行为标准和绩效标准，“六个方面”则包括产品市场、产品价格形成机制、要素市场、进入与退出、竞争主体平等性和产权结构。以不同标准衡量和从不同方面观察，判断的结果是不同的。上述观点的代表性论文是《市场化进程中的低效率竞争：以棉纺织行业为例》，这篇论文让我再次获得了孙冶方经济科学奖。

专栏九 衡量转轨程度的“三个标准”
（1998年）

向市场经济的转轨无疑是中国过去20年所发生的最重要的变化。但是，各个行业体制转轨的进度和转轨各方面的配套性并不相同，应该如何衡量体制转轨的程度？

本文认为，转轨程度的判断应该有3种不同类型的标准。第一种是规则标准，即是市场机制还是政府管制在资源配置中发挥主导作用。第二种是行为标准，即企业的行为近似于计划经济中的企业还是近似于市场经济中的企业。第三种是绩效标准，即不同行业的利润率水平表现出计划经济所具有的离散趋势还是市场经济所具有的平均化趋势。

1．规则标准

在计划经济中，投资、生产、分配、价格、进出、产权形式等经济活动的主要方面和主要环节都由政府控制；在市场经济中，上述方面和环节主要受市场机制支配。

产品的市场定价比例是目前国内论证“我们已经基本上依靠市场配置资源”这个判断时主要使用的指标。然而这是远远不够的。“市场”是仅指产品市场还是包括各种要素市场和产权市场？是自由进出还是限制进出的市场？是各类企业地位平等的市场还是存在歧视的市场？因此，规则标准应该包括以下6个方面。

（1）产品市场发育程度：是否形成供大于求的竞争性市场环境。

（2）产品价格形成机制：是政府管制还是市场决定。

（3）要素市场发育程度及价格形成机制：是否形成投入品、资本、劳动力等要素的竞争性市场。

（4）进入与退出的自由程度：各类市场是否可以自由进出，还是要受政府管制或干预。

（5）竞争主体的平等性：对不同产权形式、不同投资来源、不同地域的企业有无优惠或歧视性规定。

（6）产权结构：是要求国有企业为主还是允许多种产权形式并存和平等竞争。

改革以来，大多数行业产品市场的竞争已经比较充分，而资本市场和产权市场的竞争仍普遍受到较多约束，其他方面的转轨进程有快有慢。

2．行为标准

从计划经济向市场经济的转轨过程中，企业的行为应有如下变化。

（1）目标的转变。从完成计划指标转向收入、利润和长期发展能力。

（2）对要素价格敏感度的转变。计划经济中，企业对要素价格变化不敏感。在市场经济中，企业对要素的价格变动敏感，要素相对价格变动会影响企业的要素组合。

（3）企业的预算约束由“软”变“硬”。计划经济中的国有企业普遍存在“预算软约束”问题。在市场经济中，预算约束变“硬”，企业优胜劣汰。

改革以来，国有企业在追求利润动机方面变化显著，对要素的价格也相对敏感。但是在预算约束从“软”变“硬”方面进展有限。

3．绩效标准

绩效标准用不同行业的利润平均化程度表示。在计划经济中，资源配置由计划决定，不同行业的利润水平差距显著。在市场经济中，竞争使要素在不同行业中的边际收益率趋同。因此，要素收益趋同性的检验可以作为衡量计划经济向市场经济转轨程度的一个指标。

——节选自《市场化进程中的低效率竞争：以棉纺织行业为例》，《经济研究》1998年第3期。

改革之前，我国工业的不同行业之间利润率差异非常显著；改革以来，利润率呈现出均等趋势。1995年与1985年相比，分行业资金利税率与平均资金利税率的离差明显缩小。1985年，40个工业行业中，与平均利税水平的离差超过10个百分点的行业有7个，超过5个百分点的行业有16个；到1995年，全部行业的离差都在10个百分点以内，超过5个百分点的减少为5个。这表明制造业的体制转轨在提高资源配置效率方面已经发挥明显作用。

这期间，我还做过一个非主流但个人觉得挺有意思的研究，研究卷烟这个特许行业如何提高资源配置效率。长期以来，中央对各省卷烟生产下达计划指标。各省生产卷烟的效益差别显著，但由于卷烟生产的巨大利益，调整各省计划生产指标很困难。1994—1996年，国家烟草专卖局提出一个计划指标有偿调整的方案，形成了一个“计划指标市场”。这个市场有多个转让主体和受让主体，可以自由竞价，运作方式与一般市场并无本质不同。我的研究发现以下几点：第一，当期看，如果生产计划不可调整，计划指标的市场化转让就是一个次优选择，使效益好的受让方企业在给予转让方适当补偿的情况下扩大规模，改善行业整体效率。第二，中期看，这种调整成为新的改革阻力。因为计划基数本身成为“有价”指标，那些原先因为产品无竞争力而用不完指标的省份，强烈要求按以往的数量分配生产指标，计划调整更加困难。第三，长期看，这种办法又推动了卷烟生产计划的彻底改革。因为指标转让促进了名牌卷烟企业规模扩张，市场门槛抬高，中小型烟厂被迫退出，计划失去存在意义。

这个案例行业特殊，事件发生的背景已经变化，也许没有太多的后续借鉴意义了。不过，事件整个过程脉络清楚，数据详细，边界明确，有始有终，是一个难得的完整案例研究。当时我就很喜欢这项研究，现在更觉得，此类案例之前没有做过，今后也很可能无法重现这种“计划指标市场”，因此，这项研究即使没有了现实意义，仍然具有抽象的学术价值。

专栏十　“计划指标市场”的形成与运转
（1999年）

卷烟生产和流通一直受到严格的计划管理。由于卷烟是高税产品，各省市都争取多要计划指标，而国家计委和国家烟草专卖局在分配指标时要考虑质量、市场和利税，也要考虑省际间的平衡。不同省市和企业卷烟生产的效益差别大。以1994年为例，效益最好的企业，单箱税利达8000多元，效益最差的企业则只有213元。一些省份的部分企业产品供不应求，价格高提供的税利多，但却因生产计划的限制，导致部分生产能力闲置，原辅料有富余。另一些省的卷烟生产企业却全部亏损，但地方政府可以征税，即使对企业进行补贴，仍然得大于失，还可以解决就业问题，因此不愿放弃生产。1993年，国家烟草专卖局曾用行政方法进行调整，经反复协调，全国才调整了18万箱，收效甚微。

1994年，国家烟草专卖局提出了“卷烟生产计划省际间有偿调整”的方案。

调整原则：第一，调减和调增都必须是自愿的，专卖局主要监督已签订合同的执行。第二，调出计划指标的省市得到的补偿，必须用于企业结构调整和技术改造，不得用于非生产性开支。第三，调进指标增加生产的省市必须有全国知名的高效益名优畅销产品，与调减省卷烟单箱调拨差价在1250元以上，调增产品所得效益用于企业结构调整和技术改造。

补偿方式是，调增省按调增计划生产的产品，50%由调增省调给调减省进行经营，以解决生产减少后的市场供应问题和收入减少问题。另外的50%留给调增省。调增省调给调减省的50%的产品，必须按原来省际间计划内调拨价执行调拨，不得浮价。

调整幅度和效果如下。

1994年，有18个省（区、直辖市及单列市）参加了调整，共调整了省际间卷烟生产计划52万箱，其中调增地区有4个，调减地区有14个。经过调整，共增加了工商税利51.85亿元，占1994年全行业增加税利的37%。在增加的税利中，中央税收占55%，地方税收占12.6%，烟草企业增加利润占31.9%。对调减省来说，这52万箱卷烟如不调出而在本省生产，利税只有4.85亿元，计划调出后，通过经销调增省返还的50%的名优产品，能增加税利11.33亿元，不仅完全弥补了因生产减少而减少的收入，而且增加了收入。

1995年，有21个地区参加了调整，共调整了省际间卷烟生产计划55.8万箱，其中调增地区有5个，调减地区有16个，增加工商税利60亿元以上，占全行业新增税利的75.9%。

1996年，有23个地区参加了调整，共调整了省际间卷烟生产计划99.4万箱，其中调增地区有5个，调减地区有18个，增加工商税利85.52亿元。在增加的税利中，中央增加税收48.93亿元，地方增加税收6.97亿元，烟草企业留利29.63亿元。调增最多的四个品牌是红塔山、黄红梅、普三塔、阿诗玛。调减的品种全部是不受市场欢迎、严重亏损的产品。

调整的效果是，中央政府、调增调减的地方政府、调增调减的企业均从中得益。

然而三年之后，继续调整已没有必要了。通过这三年的调整，市场结构和消费者偏好已经发生变化，名牌产品和名牌企业的优势更加明显，烟叶价格也大幅度上扬，那些没有名牌产品的地方和企业继续生产卷烟已经不再有利可图。通过市场力量无偿调整的阻力大大减少。

——节选自《“计划指标市场”与特许行业的市场化改革——对卷烟生产计划有偿调整的分析》，载于张曙光主编的《中国制度变迁的案例研究》第二辑，中国财政经济出版社，1999年。

回想起来，在工业经济研究所工作期间，我以行业案例研究和实证方法为主，重点是记述事实，描述过程，解释现象，在这个基础上从具体到抽象，得出结论。希望这类研究能够有助于读者对中国这段历史真实过程的理解，并能够为他人的研究提供可靠资料。此次翻拣出来再看，感到这些工作还是有意思、有意义的，主要观点和结论经受住了时间检验。

在工业经济研究所工作的七年间，我放弃了不少参与其他课题给自己研究成果“扩量”的机会而专心从事少数几个问题的持续深入研究，与20世纪90年代中期的所长张卓元研究员有很大关系。张老师为人和蔼、低调，说话细声慢语，但他眼界开阔，笔锋利落，有原则但不固执，很有包容性，能够把不同辈分、观点各异甚至情绪对立的经济学家组织在一起讨论问题。他坚定地主张发展市场经济，也坚定地反对诸如“闯关”“政府退出”这类冒进观点。他说过，他的立场是“中右”。我理解，这表达了一种既支持改革开放又要稳中求进的立场。他担任所长后，特别强调评定职称时要看代表作，明确提出有一两篇好文章，胜过著作等身却没质量的成果。这个导向对我鼓励很大，让我心安理得地陷在自己喜欢的领域中。后来我被破格晋升为研究员，就得益于这项职称评定政策。

2012年，我与马建堂先生、周叔莲先生一道，获得第五届中国经济理论创新奖。这个奖项非个人申请，而是由近200名经济学家无记名投票产生，奖励改革开放以来在某个领域长期从事研究并做出突出贡献的经济学家，授奖的理由是“因其在中国经济结构调整领域的重要贡献”。能在工作性质转变多年之后仍然以产业结构问题研究而获奖，我特别高兴。

1996—1998年，我调到社科院科研局工作，担任经济学科片学术秘书，在院长和主管副院长的领导下，协调片内六个经济类研究所的相关工作，从事中央交办的综合性课题的组织协调工作。这段工作经历让我对政策咨询和行政工作有了一些了解，对后来转岗到政府机构工作有所帮助。

肆

在中国社科院财贸经济研究所工作的6年

1998年我调到中国社会科学院财贸经济研究所，先后任副所长、所长兼党委书记。我自己的研究主要集中在利用外资、“入世”问题和服务经济三个重点上。

一 利用外资问题研究

在工业经济研究所工作期间，我的研究工作与对外开放有关联，例如工业发展与对外贸易的关系研究。到财贸经济研究所后，对外贸易和利用外资是所里的一个重点研究方向，我的研究也就相对更多地集中到这个主题上。

外商直接投资（FDI）是当时中国经济中的一个热点和重点问题。20世纪80年代初期我们实行对外开放政策后的前10年，外商直接投资数额较少，仅有几亿、十几亿美元。整个80年代，实际利用FDI占我国固定资产投资总额的比重较低，平均为1.8%。1990年，实际利用FDI也只有35亿美元，占固定资产投资总额的3.8%。

进入20世纪90年代后外商直接投资迅速增加，是因为大背景的重要变化。1992年邓小平的南方谈话，确定了经济体制的改革目标是建立社会主义市场经济体制，中国改革进入一个新阶段。中国加快了开放步伐，将对外开放的范围从沿海地区扩大到沿江（长江）、沿线（陇海线、兰新线）。经过此前10多年的改革和发展，我国基础设施条件、体制环境和政策环境均有明显改善，形成了更加有利的投资环境。前期的“三来一补”、技术引进和建立合资企业，提高了国内配套产业的能力和水平。多年的较快增长带来国内市场的持续扩张和消费水平持续提升。

这些变化使外国投资者看好中国增长前景和在中国投资经营的发展空间。1992年吸收外资从上一年的44亿美元剧增至110亿美元，1993年再增至275亿美元，两年增幅均达到150%。此后仍然保持较快增长，1997年和1998年分别为453亿美元和456亿美元。这个阶段也是FDI在国内资本形成总额中比重最高的时期，1992—1997年平均为13.4%，其中占比重最高的1994年达到17.3%，是迄今的最高比重。工业是我国对外资开放较早的产业，也是累计吸收FDI最多的产业。外商投资企业在全国工业中占有重要地位。外商投资企业产值占工业增加值的比重在1998年超过20%。有些行业中外商投资企业在产出中的地位更加突出，例如，外商投资企业在电子及通信设备制造业增加值中所占份额高达77.3%。

这个时期大型跨国公司的投资显著增加，到1997年底，《财富》世界500强中已有超过360家企业在华投资，这已明显不同于20世纪80年代以港澳地区和东南亚各国中小型投资者为主的情况。吸收FDI较多的制造行业有电子及通信设备制造业、电器机械制造业、交通运输设备制造业和纺织服装制造业等。

外资企业的集中进入，给国内企业带来较大压力，引起不少质疑的声音，也引起高层决策者的关注。

时任中国社会科学院副院长王洛林教授是在厦门大学校长任上调到社科院的。厦门是经济特区，外资密度较高，对当地发展有重要影响。王院长认为外资问题很重要，应该成为社科院的重点研究主题。因此，当我向他报告准备成立一个外商投资研究中心时，他认为有必要也很及时，并允诺担任理事长。记得副理事长有国务院发展研究中心外经部的张小济部长，对外经贸大学的王林生副校长，香港理工大学的陈文鸿教授等，我担任副理事长兼秘书长。张小济先生长期研究外贸和外资问题，在这个领域较有影响，参与我们中心的活动也较多，对中心工作和我本人都有许多帮助。随后几年，中心做了不少调查研究，每年编辑出版一本《中国外商投资报告》，逐渐有了一定的学术积累和社会影响。

我此前研究产业问题，因此重点研究利用外资与国内产业发展的关系。当时有观点认为，外资大量进入抑制了国内产业发展。我们的研究表明，国内市场开放和引进外资带来竞争，在短期内确实对国内企业形成压力。但与此同时，竞争发挥了积极作用，迫使国内企业提高效率，降低成本，增强竞争力。开放较早的家用电器、汽车、通信设备、工程机械、机床、电力设备、日用化工等行业，都经历过国内企业先抑后扬、内外资企业共同发展、整个产业不断增强国际竞争力的过程。特别当国内产业水平提高后，跨国公司就会引进更多先进技术，提高了国内产业的整体技术水平，并通过广泛的外溢效应，推动了国内企业的技术进步。这些研究内容在我的论文《跨国投资、市场结构与外商投资企业的竞争行为》和专著《中国的外资经济：对增长、结构升级和竞争力的贡献》中有较集中的体现，引起国内外学术界的重视和好评，并得到联合国贸易和发展会议（简称“贸发会议”）等相关国际组织的关注。专著的英文版*FDI in China: Contributions to Growth, Restructuring and Competitiveness*于2004年由Nova Science Publishers出版。

专栏十一　竞争促使外资企业转移先进技术（2002年）

20世纪90年代后期以来，随着国内市场竞争加剧，跨国公司向中国转移先进技术的速度明显加快。2001年，我主持了一个系列的调研项目，对北京、上海、深圳、苏州4个城市127家跨国公司在华投资企业进行了访谈和问卷调研，企业的技术水平是调研的重要内容之一。此前1997年，我曾主持了一项类似的调研，对比两次调研，可以看出跨国公司向中国转移先进技术行为的明显变化。

两次调研，我们都以其母公司为参照系，考察跨国公司在华投资企业的相对技术水平。对比两次调研结果可以发现，2001年与1997年相比，跨国公司向中国转移母公司最先进技术和先进技术的比重大大上升，1997年跨国公司向中国转移最先进技术的仅占14%，2001年这个比重已经占到了41%，见表1。

表1　跨国公司投资企业的技术水平

与母公司相比	1997年	2001年
使用最先进技术 / %	14	41
使用比较先进技术 / %	53	45
使用一般技术 / %	33	13

汽车行业的案例很典型。从1983年到1999年长达16年的时间内，上海大众主导着我国的轿车市场，其产品一直是在国外市场上已经淘汰了的第一代桑塔纳，市场价格也始终处于高位。90年代中期以后，更多跨国汽车巨头进入我国，从1998年开始，上海大众桑塔纳的市场份额开始被一汽捷达、二汽富康和天津夏利等产品分割，上海通用别克、广州本田雅阁也即将上市。这才迫

使德国大众改变态度，于1999年底将其全球流行车型帕萨特引入上海大众，使B2级的桑塔纳跃升三个等级，一次性升为B5级的帕萨特。此后，中国轿车车型乏善可陈的局面迅速改变，2001年和2002年，跨国汽车巨头至少将11款全球流行新车型提供给了中国的消费者。更重要的是，这些外资企业培养了大批人才，后来成为国内新建汽车企业关键工程技术人员和营销管理人员的重要来源。

外资企业引进先进技术产生了明显的技术外溢效应。我总结了技术外溢的6个途径：人力资本外溢效应、示范效应、竞争效应、合作效应、技术应用效应和市场开拓效应。这些技术溢出的方式在我国都存在，见表2。

表2　外资企业外溢效应的主要方式

技术外溢的类型	具体的外溢途径	典型表现
人力资本外溢效应	境内人才流动	人才从境内外资企业流向本土企业
	跨境人才和资本流动	境外人才随同外资流入而进入本土企业
示范效应	产品和技术示范	外资企业新产品提供的观察学习机会
	管理示范	外资企业管理能力被观察和模仿
	产品开发导向	外资企业研发行为提供技术和市场导向
竞争效应	技术竞争	与外资企业竞争迫使本土企业加快新产品新技术开发
	成本和管理竞争	与外资企业竞争迫使本土企业创新体制和管理模式

（续表）

技术外溢的类型	具体的外溢途径	典型表现
合作效应	合资合作经营	内外资企业分享对方优势
	产品配套	国内配套企业获得技术指导、品质控制和市场渠道等多种益处
技术应用效应	提供核心部件	外资企业为本土企业提供核心零部件
市场开拓效应	开拓一个新的市场	外资企业开辟新市场和本土企业跟进

——节选自《中国的外资经济：对增长、结构升级和竞争力的贡献》，中国人民大学出版社，2002年。

当时，有些行业受外资进入的影响特别突出。记得1998年前后，一位已经退休的部级领导给国务院领导写了一封信，提出我国洗涤用品行业的“排头兵”企业都已经合资，这个行业已经被外资“吞噬”，认为民族工业已经到了生死存亡的紧要关头。恰好我写的一篇基于相似事实但观点不同的内部报告被朱镕基总理看到，他叫我到他办公室汇报。我与王洛林副院长同去，因为我做的课题是王院长带领一个团队所做研究的一部分。可能怕我紧张，落座后朱总理就以我将他的手稿当废品卖了的事情打趣。我汇报中提到，确实有不少企业合资了，但是我方的原有利益并无太大损失，而且有新的收益，比如就业基本保留、工资明显提高、生产照旧而且产值增加、技术提高很快，特别是环境保护水平显著提高，而这类企业以前都是污染大户。从股份来说，原来我们占100%的股份，现在变少了，但是这些股份带来的东西比原来多。合资有可能使我们丢失了多年熟悉的牌子，但我们可以采取措施鼓励外资企业沿用国内品牌，或者创造新的属于合资企业的品牌。当时我还大胆地预计，这一轮合资带来先进技术和先进管理经验，提供了更多“干中学”的机会和更多的人才储备，以中国市场之大、需求之多样和国内市场竞争之激烈，国内产业将加速整体升级，会有更多的内资企业通过竞争发展起来。后来中国的实践表明，开放带来的外资、外国技术和管理经验，推动了国内产业的高水平发展，提高了总体竞争力。

后来我继续关注洗涤用品行业的情况，做了一个过程完整的案例，证明了上述观点是立得住的。

专栏十二　冲击后的重新崛起：洗涤用品行业的案例（2002年）

20世纪90年代初中期，全球洗涤用品跨国巨头大规模进入我国投资，包括美国宝洁（P&G）、英荷联合利华、德国汉高等跨国公司。这些跨国巨头，资产和销售额都达到数百亿美元，而我国洗涤用品行业1999年的总销售额仅为192.82亿元人民币，约折23亿美元，全行业产值仅为联合利华公司的十九分之一。到1995年底，洗涤用品行业中排名前20位的大企业有15家合资（见表1），这些企业洗衣粉和香皂的产量，占全行业产量的35％~40%。在15家合资企业中，只有2家为中方控股，其余均为外方控股。

表1　1995年底洗涤用品行业“排头兵”企业的合资情况

企业名称	合资企业的中方与外方
上海利华公司	上海制皂厂、英荷联合利华公司

（续表）

企业名称	合资企业的中方与外方
上海制皂有限公司	上海制皂厂、英荷联合利华公司
上海联合利华公司	上海合成洗涤剂厂、上海日化公司、英荷联合利华公司
上海白猫有限公司	上海合成洗涤剂厂、香港新鸿基公司
北京熊猫宝洁洗剂用品有限公司	北京日化二厂、美国宝洁公司
成都宝洁公司	成都合成洗涤剂厂、美国宝洁公司
广州浪奇宝洁洗涤用品有限公司	广州浪奇公司、美国宝洁公司
天津汉高洗涤剂有限公司	天津合成洗涤剂厂、德国汉高公司
广州宝洁公司	广州肥皂厂、美国宝洁公司
张家口联合利华公司	张家口合成洗涤剂厂、英荷联合利华公司
桂林汉高洗涤剂有限公司	桂林合成洗涤剂厂、德国汉高公司
天津宝洁有限公司	天津香皂厂、美国宝洁公司
四平汉高洗涤用品有限公司	四平市油脂化工总厂、德国汉高公司
合肥利华公司	合肥日用化工厂、英荷联合利华公司
沙市活力奔腾洗涤用品有限公司	沙市活力28集团公司、德国奔腾公司

当时业内不少人惊呼，我国洗涤用品行业将会“全军覆灭”。世界巨头控制中国市场后，必定将产品价格定在高位，获取高额利润。然而，局势并未向这个方向发展。

刚开始进入中国市场时，外商投资企业将其品牌产品定价在高位，比中方品牌的同类产品高出50%左右，并为其密集打广告。与此同时却对中方原有品牌的促销力度很小。结果是一方面跨国公司品牌产品价格高企，另一方面原有国内名牌产品的市场影响力和占有率下降。这种状况给国内一些原先居于"第二梯队"的企业提供了发展机遇。一批改制后的上市企业、股份制企业、集体企业和民营企业抓住机遇，迅速发展。表2是2000年洗衣粉产量排名前10位的企业，排名前4位的企业中，排名第1、第3和第4位的企业都是新成长的内资企业，分别是南风化工（国有控股上市公司）、全力（集团）公司（集体企业）和纳爱斯公司（股份制企业）。合资企业仅有汉高公司排在第2，联合利华公司和宝洁公司分别列在第6位和第8位。跨国公司并没有在中国洗衣粉市场上取得明显的优势地位。

表2　2000年排名前10位的洗衣粉生产企业

排名	企业名称	排名	企业名称
1	南风化工	6	联合利华公司
2	汉高公司	7	活力美洁时公司
3	全力（集团）公司	8	宝洁公司
4	纳爱斯公司	9	杭州万里公司
5	白猫公司	10	开封矛盾（集团）公司

面对激烈竞争，跨国公司只有大幅度下调其产品价格。以宝洁麾下的碧浪为例，1998年碧浪超效（第2代）400克装全年均价7.99元，1999年碧浪超效（第2代）400克装全年均价6.14元，到2000年底，碧浪超效（第2代）400克装市场价已经低至5.16元。3年时间，产品价格下降了35%，而同期国内大致相同质量的洗衣粉价格仅下降了不到8%。2001年底，宝洁公司在市场出售的主流产品是声称为第3代产品的碧浪漂渍（400克），价格已降至4.98元。与国内品牌产品的价格基本

持平。国内企业不仅重新赢得市场空间，也通过自身实力迫使外资企业降低价格和不断提供新产品。

案例研究表明，我国国内市场容量巨大，本土企业有许多现实和潜在竞争优势，寻求生存和发展的能力较强。那种仅凭跨国公司规模巨大、仅凭其自身存在获取垄断地位的意愿，就推测国内企业必然被挤垮的观点，既不符合市场经济的基本规律，也不符合中国市场开放的实践。

——节选自《中国的外资经济：对增长、结构升级和竞争力的贡献》，中国人民大学出版社，2002年。

研究外资外贸问题比较敏感，容易激起民族情感，被扣帽子。这种情形下，企业调研和案例研究有较好的说服力。1999年我有一次作学术报告，快开始时主办方有点紧张地告诉我，现场有几位听众是来“找碴”的，要当面提问题质问我为什么要为外资企业说话。此前我听到过其中一位对我的指责，说外资企业给中国员工的工资不到其国外同类企业员工的1/10，而我却为之“叫好”。我考虑了一下，就在报告中插进了我做的一个调研。当时媒体报道过一个例子，国内合资企业缝制国外品牌的比赛用足球，缝一个大概得到1.4美元，但在东欧国家缝一个的价格是4美元，而数年前西班牙的企业未关闭时缝一个是8美元。很多人对此不满意，说我国工人受到国外资本家的剥削。我恰好去苏北调研，就去看了一个体育用品合资企业，员工实行计件工资，平均月工资500多元，手快多做的能拿到600多元。一年下来可以拿到七八千块钱。而当时苏北农民的年人均收入还不到1000元，乡镇企业的平均年工资不到5000元。由于被报道过，此前就有数批采访者，员工抵触情绪挺大，说："我们也想挣更多，你们帮我找？来这么多人，说些指责的话，老板要不干了，我们怎么办？"我讲了这个案例，也引述了员工的话，说如果我们找不来让他们挣更多钱的机会，这个就业机会对他们就是重要的。后来的提问环节，这几位没有发言。后来我又认真看了他们的相关文章，发现基本观点虽然不同，但也有合理成分，于是我专门就外商只挑选好客户而国有企业还要承担普遍服务功能这个现象，写了一篇文章——《外商挑奶皮，内资受歧视》，并提出了相应的政策建议。

研究对外开放问题，始终要回应担忧和质疑。2008年是改革开放30周年，国内再次集中关注开放中的利益得失问题。当时的批评意见主要有：开放收益分配中我们所得很少，主要利益被国外投资者获得；外资不引进先进技术，只是大量转移落后技术和污染产品；出口商品主要是资源能源高消耗的产品和污染环境严重的产品等。当时我已经离开了社会科学院，但感到事关重大应该发声，就根据多年的研究积累写了一篇论文，有针对性地回应有关开放问题的若干争论。稍后，我又约请易纲、常青、刘世锦、王子先等学者合作写了一本专著——《中国开放30年：增长、结构与体制变迁》，他们都是相应领域中的资深专家，分析深入又具体，当时颇受欢迎和好评。后来这本书还由Cengage Learning出版了英文版：*Thirty Years of Openning Up in China*。

专栏十三　我们获得开放的大部分收益
（2008年）

全球化的含义不仅是资源配置的全球化，也是收益分配的全球化。中国作为各种要素聚集的东道国，在开放过程中获得显著收益。同时，我们在开放中大量使用外部资源，这些资源也应该从中获益。下面依据2006年的数据做具体分析。

1．“中国制造”的大部分收益归我们

2006年，外商投资工业企业创造的增加值为25545.80亿元，其中利润总额为5384亿元，扣除合资企业中中方应得的1561亿元后，外方利润所得为3823亿元。这部分就是外国投资者的主要获利，其余部分主要归我们，我们获得开放的大部分收益。其中劳动者报酬、税收主要归我们，营业盈余我们获得一部分。

（1）劳动者报酬。劳动者报酬比“工资”的口径宽，不仅包括各种形式的工资，还包括奖金、津贴、医药卫生费、交通补贴、社会保险费、住房公积金等。仅看工资，外资企业最高。2007年，外资单位、国有单位和城镇集体单位职工平均工资分别为27942元、26620元和15595元。

（2）税收。我们对外资企业有所得税减免的优惠政策，但是增值税等各种流转税是不减免的。2007年，外商投资企业税收达到9972.6亿元，占全国税收总额的20.17%。与其增加值占比大致相同。

（3）利润。2006年，外商投资工业企业利润总额为5384亿元，这其中有一部分是合资企业中中方投资的收益，按中方在合资企业的所有者权益中的比重估算，中方约占有29%的投资收益，约1561亿元。

（4）外资收益及收益汇出。国外投资者获得的收益主要是营业盈余中的一部分。在5384亿元利润中减去中方所获的投资收益后，外资获得的利润约为3823亿元，占当年工业企业利润总额的19.6%，占GDP的比重为1.8%。估算外商投资企业对外汇出利润340.5亿美元，约占当年GDP的1.28%。

2. 区分出口总额和出口收益：两个不同的概念

出口额是销售收入的概念，其中既包含在我国国内新创造的增加值，也包含从国外转移的价值即进口投入品的价值。其中，只有增加值计入我们的GDP之中，而转移价值的部分是不计入GDP中的。因此，我们从出口中获得收益的大小，只能相对于我们新创造价值部分即增加值而言，不能与出口总额相比。例如，出口一台笔记本电脑，进口投入品占其中价值的二分之一，这部分价值创造是在国外完成的，虽然计在了“出口总额”之中，但并没有计入我们的GDP之中，因此与我们的收益无关。我们的获益仅对我们创造的二分之一而言，若以全部出口额作为分母计算盈利，盈利水平就会被不恰当地“摊薄”。这是理解当今时代“全球产品”分配特征的关键：一个产品多国制造，每个国家都只能从其参与的部分中获益，无论价值链上哪部分的参与者，都不能将其收益与最终产品的全部价值做比较。我们参与的是价值链上的终端部分，特别要恰当理解这种分配格局。

3. 对外开放的资源与环境成本有限

我们的出口商品集中在劳动密集型的产业领域。绝大部分加工贸易产品，都是引进国外资源和资金密集型的投入品，我们再投入大量劳动力加工出口的。出口最多的两类产品为电子通信产品和纺织服装产品，两者合计占出口总额的比重超过一半，这两个行业都是劳动密集而不是高消耗高污染的行业。我国出口商品中，有一些资源消耗高和污染环境的产品，但所占比重相对较小，粗略计算，六类“两高一资”产品加工贸易出口占加工贸易出口总额的比重仅为5%~6%。

——节选自《理解开放与增长》，《比较》第26辑，中信出版社，2008年9月；《中国开放30年：增长、结构与体制变迁》，人民出版社，2008年。

2003年1月，中央政治局第二次集体学习，我和中国社会科学院世界经济研究所的余永定教授共同主讲，内容是世界经济发展新趋势新特点和我国经济发展中的问题。余教授主讲国际部分，我主讲国内部分，重点就是对外贸易、吸收外资及其影响。事先我们一起备过课，观点也都沟通过。我们讲完后，一位领导同志提了个超出备课范围的问题。我先回答，余教授接着回答。我们两人的观点不完全相同，他讲后我又补充了几句，进一步阐释了我的观点。当时主持讲座的胡锦涛总书记笑着说，看来这个问题还要研究，专家们的观点都不一致。据说这是唯一一次主讲人之间相互争论的讲座。余教授是牛津大学毕业的博士，不但学术水平高，而且一贯观点鲜明，敢于直言，在学术界很有威信。我们虽然在有些问题上观点不完全相同，但一直保持着良好关系。

二 “入世”问题研究

20世纪90年代中后期，中国“入世”问题即申请加入“世界贸易组织”（WTO），是社会各方面关注的热点问题。我是当年商务部专家组的核心成员，多次参加相关座谈会和调研，彼时的对外经济贸易部（简称“外经贸部”）吴仪部长多次听取我们的观点。其间我做了一项研究，分析了近十个国家“入关”（此前该组织名称为“关贸总协定”，因此这些国家申请加入称为“入关”）前后受到的影响，特别是“入关”后五年贸易状况的变化；分析了其国内体制环境与外贸政策对“入关”影响的关系。这项研究分国别查阅了大量的历史文献和数据，翔实、系统，有说服力，当时国内还没有类似研究，由此受到时任国务院领导和相关部门领导的重视，也在产业界、学术界产生了较大影响。在这项研究基础上撰写的论文《“入关”冲击与对策的国际比较研究》获中国社会科学院第二届优秀科研成果奖。后来在此基础上我又出版过一本专著《减弱“复关”冲击的国际经验比较》，还在《人民日报》《光明日报》和《求是》杂志上发表过多篇评论或专栏文章。

当时，可谓是全民担心“入世”，害怕降低关税开放国内市场后，许多国内产业被冲垮。许多人都说，在60%~100%的关税下，国内的产品都没有太强的竞争力，如果再大幅降低关税，那么国内的企业就毫无市场了。我因此前有研究基础，对中国产业、外贸和外资企业等都有较深入的了解，因此我的观点与当时这种主流观点并不相同，我不认为国内产业没有竞争力。我提出的一个理由是，虽然当时我国的关税率较高，但那只是“名义”的。以当时反对声音最大的汽车工业为例，虽然名义上有60%~100%的关税，但进口的核心零部件，80%以上是由外资企业、开发区内的企业进口的，它们享有非常多的税收优惠政策，实际关税不到15%，“入世”后关税降至15%~20%，对这些企业并没有实质影响。这类“名义”与实际差别较大的情况较为普遍，再加上国内企业的应对能力、市场渗透度及产业链条，大多数行业和企业虽然会受到一定冲击，但不至于被冲垮，而且会在更开放的市场中更快提升国际竞争力。随后的事态充分表明这个判断合乎实际：曾经的担心几乎都未出现，还推动了中国经济的又一轮开放与高速增长。我是“入世”进程中国内少数明确表示支持的学者，也几乎是唯一明确表示国内产业不会受到大冲击的学者。我的主要观点在一些重要的党政内部资料上多次刊出，得到过国家领导人的多次批示，领导人也单独或在会议上听取我的意见，算得上是这个领域的“著名专家”。除了具有对国内产业、国际贸易和跨国投资等问题长期研究基础上的信心外，我坚定地支持“入世”，还在于相信开放能够突破一些障碍，从多方面推动国内深层次改革。在参加这项工作的过程中，我也能感受到决策层具有同样的考虑和决心。

“入世”时我们被附加了一些额外的条款或条件，其中一条是不承认中国市场经济国家地位。2003—2004年期间，我以专家身份参加外经贸部的工作组，到欧洲8个国家去做工作，争取让他们早日承认我们的市场经济地位。在这个过程中，我用大量的数据和事实，努力让这些国家的政府官员和学者更多地了解中国多年来的改革进程，了解中国为加入世贸组织而做的多项工作。在交流过程中，我也进一步理解了发展完善市场经济体系的几个关键问题。2003年下半年，我参加了十六届三中全会文件的起草工作。我提出建议，希望在文件中写入“各种所有制企业能够平等使用生产要素，在市场上平等竞争，受到法律平等保护”这样的内容，进一步完善市场经济体制，这个提法在文件的不同部分中得到体现。

通过参与“入世”的相关工作，我有一点体会，那些推动我们向前走的力量，往往是对我们至关重要却又是我们不能左右的力量。

三　服务经济研究

2001年起我担任社科院财贸经济研究所的党委书记，半年后担任所长兼党委书记。财贸所是一个很有特点的研究所，原本力量强、影响大，但后来研究领域所对应的政府部门变化很大，例如物价研究方向、物资流通研究方向和内贸管理研究方向，随着政府机构调整，原本服务的政府部门被撤销或合并，失去了主要的服务对象，财贸所里相应的研究室也陆续撤并或改名。我担任所长时，所里研究方向多而杂，有些领域陈旧，缺乏凝聚力，在社会上也缺乏影响力。还有一些特殊原因导致所内人心和纪律涣散。我到任后压力很大，感到需要新的符合时代特点的研究方向，以激发研究人员的自豪感和主动性，服务社会需求。

经过调研和考虑，我提出将服务业作为全所的主要研究方向。一方面，这个领域能够把所里多数研究方向包括进去；另一方面也是更重要的，我感到中国经济到了这个阶段，服务业即将走向中心位置，这个领域的研究有重要的理论意义与现实价值。但是国内学术界对此关注不够，除一两个机构中有少数学者如李江帆教授等研究“第三产业”问题外，在国内几乎找不到以服务经济研究为主的高校院系和研究院所。明确这个方向，有利于研究所的长期发展。这个设想得到了所里大多数同事的认可，于是成立了服务经济研究室，其他相关研究室也都在服务经济的框架下重新组合和确定研究主题。作为所长应该带头，因此我开始着手这个领域的研究。

《服务业与中国经济：相关性及加快增长的潜力》这篇论文，就是在上述背景下撰写的。这篇论文着重于收集数据、描述状况、提出问题、理解趋势和把握理论分析要点，并进行国际比较。我希望服务经济研究能吸引更多学者的关注，引起社会各方面更多重视，因此下了较多功夫。后来我又发表了论文《服务业增长：真实含义、多重影响和发展趋势》。这两篇都是国内较早用当代产业经济理论和计量方法研究我国服务业发展问题的论文，有开拓性的地位，产生了较大和持续性影响。

服务经济有许多独特性质，一些研究经济学的人都不甚理解，许多问题都要从头开始阐述。在一篇论文中，我曾以自己家庭雇保姆的案例说明服务业的特殊性。

专栏十四　服务业在国民经济中比重上升四种含义（2010年）

服务业与制造业有很大不同。理解服务业增长含义的核心是：比重上升的原因可能是真实增长，也可能是名义增长。先看一个例子。

1980年，北京买一台17寸黑白电视机的价格约为1000元，聘一位家务服务员的价格约为500元/年。简化起见，以它们分别代表商品消费和服务消费，则当时两者的比例关系为2∶1，商品消费为主。2008年，北京买一台21寸平面彩色电视机的价格约为1000元，聘一位家务服务员的价格约为15000元/年，两者比例关系为1∶15，服务消费为主。然而对消费者来说，消费结构并没有实质改变：仍然是买了一台电视机和聘用了一位家务服务员。决定服务消费支出结构变化的是制造和服务两者比价关系的变化。

决定服务业在国民经济中比重上升的四个主要因素，可概括为“一实三名”。

1．新增服务消费，真实增长

服务消费的真实增长，是指服务消费“量”的实在增长，包括收入提高产生的新服务需求，如高等教育服务、文化休闲服务、体育健身服务等；还有技术发展提供的新业态和新品种，例如网络游戏产业等。

2．服务相对价格上升（名义增长之一）

许多直接提供劳务的服务业，劳动生产率提升较慢，导致服务价格较快上涨。这种情况下，虽然以增加值衡量的服务产出比重上升，但服务量并没有相应等幅增长。

3．服务专业化和外移（名义增长之二）

这是指原本处于制造业生产过程中或制造企业内部

的服务供给独立出来，由专业化企业提供，形成生产性服务业。此时的服务业增长并没有为国民产出提供一个增量，而只是生产方式和生产组织形式的变化。

4．自我服务转为市场化服务（名义增长之三）

以往许多服务在家庭内部和亲朋之间无偿提供，不被计入国民生产总值之中。随着社会和家庭结构的变化，相当一部分家务服务社会化，成为有酬劳动，就计入了GDP。这个变化被形象地描述为“自己洗涮变为相互洗涮”。

——节选自《服务业增长：真实含义、多重影响和发展趋势》，《经济研究》2010年第4期。

研究服务业，我依然注重案例研究，从中了解现实状况和真实问题。当时（甚至可以说直至今日）人们对服务业有许多误解，包括一些从事经济研究的人士。例如，人们一方面呼吁加快发展服务业，一方面又质疑“非生产环节”在商品增值链中比重较高，包括批评商品销售价格中流通环节的增值要高于制造环节的增值，即所谓的“生产为商业打工”这种现象。

当时我所举的一个案例是服装制作和服务销售，为了便于理解做了简化。假定以往制衣环节和销售环节每天每位员工能加工或销售两件衣服，每件加工费或销售加成都是100元，在两种岗位上工作的员工收入相同。后来，制衣企业采用了更高效率的新设备，每位员工每天可加工四件衣服，此时每件仅需加价50元即可获得200元收入，而零售环节无法使用设备提高效率，每位员工每天还是只能销售两件衣服，每件仍需加价100元才能获得200元收入。此时单件服装最终价格中制造环节与流通环节的增值比率由以前的1∶1变为了1∶2，商业环节增值高于制造环节，但这并不意味着从事制造业“吃亏”，从事两种工作员工的收入依然都是200元。

下面再举两个被公开质疑过，我因此做过详细分析的案例，进一步说明服务环节为什么“挣得更多”。

专栏十五　海南辣椒运到北京销售：收益分配（2018年）

2011年，有媒体报道，海南杭椒的收购价为每公斤13.8元，在北京的零售价格达到每公斤30元，涨价超过1倍多，这被作为一个流通过程加价超过生产者椒农收益的不合理现象。我对此案例作了全程追踪研究[①]。

2011年1月22日，澄迈县果菜协会收购点收购了19.1吨杭椒，平均每公斤13.8元。送到冷库经过24小时预冷后，23日晚装车北运，于26日傍晚抵达新发地农产品批发市场，批发价每公斤16元，加价2.2元。从新发地批发给岳各庄二级批发市场，加价约0.7元，二级批发商再加价后批发价为每公斤17.6元，需要拆件后的小量批发价格为每公斤20元左右。28日一早，北京会成门站东农贸市场杭椒零售价达每公斤30元。

每卖出1公斤的杭椒，椒农只得13.8元，流通环节得16.2元，其中零售环节就要得到10元，看上去很不合理。然而，在流通过程中，各个环节均无暴利产生，我们分析两个加价比例最高的环节：长途物流环节和

① 此案例内容的背景资料引自2011年1月30日新华网的报道，本文中的一些数据和具体内容由笔者据此报道以及更多资料整理和计算，其中会成门市场的情况是笔者自己做的调查。

零售环节。长途物流环节中，费用主要有包装、预冷、运输、批发代销费几项，分别摊0.6元、0.2元、0.62元和0.5元，共计1.92元，收购商每公斤赚0.28元。其中运输环节，3天2夜，2900公里，运费11500元。缴纳过海费、燃油附加费1780元；全程加油费、车辆维护费等近6000元，可以赚到3000元左右，两位司机整整3天2夜，回程基本上放空车，3000元实在不能算多。途经广东、广西、湖南、湖北、河南、河北等省区，各地均能严格遵守蔬菜运输绿色通道政策，对运输瓜菜的货车一律免过路过桥费。

看完这个流程能发现，零售环节即所谓的“最后一公里”确实加价幅度最高。为此笔者去会成门站东农贸市场做过调研，摊位费等各种费用一个月约2200元，不算高，摊到每公斤菜中的费用也不高。主要的加价来自摊主的收入和零售中的损耗。摊主一个月收入1.2万元左右，赶上节日还能高一些。但是，摊主夫妇两人从早上四点起床去进菜到晚上七点收摊，每人每天工作超过12个小时（人少时会轮换吃饭和休息），这个收入水平不能算高。零售环节加价高是因为这个环节劳动生产率低：新发地批发商收一车菜就是20吨左右业务量，二级批发商每天业务量也以吨为单位，而零售商贩一天销200~300公斤，其中粗菜细菜都有，菜价越高加价越多，杭椒是顶级的高档菜，因此加价最多。从上述描述可以看出，如果各个环节的劳动者要达到基本均等的收入水平，零售环节单位商品的加价就应该十数倍甚至数十倍于批发环节。结论是：所有环节中，零售环节劳动生产率最低，因此单位产品加价最多，如此各个环节才能获得大致合理的劳动收入。

——节选自《网络时代的服务型经济：中国迈进发展新阶段》，中国社会科学出版社，2018年。

专栏十六　咖啡店的咖啡如何定价
（2018年）

2013年10月，央视曾播出了一个系列调研，报道了星巴克在4个国家的售价，中国居首位，不仅高于美英发达国家，甚至比发展中国家印度也高出1倍。据央视计算，成本不足4元的中杯拿铁要卖27元。消息引来各方关注，有人认为，星巴克在中国成了“土豪”，牟取暴利；也有人认为，这是市场行为，一个愿打一个愿挨。实际上，我国整个咖啡店行业的价格都大致如此，且不说价位更高的蓝山咖啡，几个与星巴克竞争的洋咖啡品牌如COSTA、太平洋咖啡等价格都相似，就连本土咖啡店品牌也基本定位在这个水平。例如，长长久久这个武汉本土咖啡店，也表示30元/杯才能勉强盈利。“很多人认为一杯咖啡卖30元是暴利，其实这是误解。”该店负责人吴斌表示。一杯咖啡的原料成本，确实如央视调查所言只值四五元钱，但其他成本非常高。该店200平方米的经营面积，年租金就达60万元，加上装修、经营管理等成本，一年费用支出超过200万元。用一句流行语表达：“哥卖的不是咖啡，是房租。”

从消费者的角度看，多数人都认同“去星巴克不全是喝咖啡”这个理念，消费的是文化、情调，是轻松的氛围，是约会同事、朋友和商业伙伴的地方，也是许多学生学习的场所。因此，星巴克中国店的翻台率远低于美国，很多人一泡就是几小时，而美国绝大多数顾客是点杯咖啡匆匆带走。国内这种单位面积客流量小的特点，必然导致价格高企。但是，对消费者来说，付费带来的精神和心理需求的满足是实实在在的。

——节选自《网络时代的服务型经济：中国迈进发展新阶段》，中国社会科学出版社，2018年。

看完这两个例子再回到理论分析中，服务业提高比重的宏观含义是国民经济中服务业的份额不断上升，相应的微观表现就是产品价值链中服务部分所占比重愈来愈大。换一种表述，就是在商品最终价格中服务环节“加价”较多甚至超过制造环节或农业生产环节。流通环节加价多的原因并不复杂：生产制造环节能应用先进技术设备，劳动生产率不断提高，虽然单位劳动成本不断上升，商品价格却不涨甚至下降；而服务环节需要人对人的服务，不能采用替代劳动的技术，无法抵消劳动成本上升的影响，单位服务成本不断上涨。

2005年左右，服务外包成为产业界和学术界的一个热点，我从直觉上认为很有研究价值。但当时我已经调到政府部门工作，不适宜再做那种需要深入调研和案例分析的研究。后来，我写了一篇论文《服务外包：合约形态变革及其理论蕴意》（《经济研究》2008年第7期），这是我少有的一篇通过研读文献和逻辑思考写出的“纯理论”文章。我在文中构建了一个新的解释和分析框架，论证服务外包是一种新型的产业组织形态，是人力资本市场合约与劳务活动企业合约的统一，兼取两种合约的优势，是人力资本配置方式的根本变化。这种变化很有可能同时降低市场交易费用和企业内部管理费用，对资源配置效率产生重要影响，有利于提高经济效率，推动经济增长。因此，服务外包这种产业组织形态有重要的理论分析价值。不过这篇论文似乎没有什么太大影响。

四 科技全球化研究

2003年初，我与科技界有过一次关于引进技术问题的讨论，引起较多关注和争论。当时我参加了科技部组织的一次重要会议，主题是制定国家科技重大专项，参加者都是国内顶级科技专家。我前面的专家发言认为引进外资不可能提升中国产业的技术水平，而是跨国公司借此转移落后技术和污染技术。同时多数专家还认为市场导向的企业不可能有长期眼光和科技实力，因此需要政府组织科技界搞攻关项目，才能促进全面的技术进步。由于他们不专门研究经济问题和产业问题，我感到有必要将实际情况说清楚，恰好我刚刚出版了一本专著《中国的外资经济：对增长、结构升级和竞争力的贡献》并带在包里，于是就在我的发言中插入了一些情况介绍。比如我对127家跨国公司在华投资企业的调研表明，外资企业是新产品新技术的重要提供者，与外方母公司的技术比较，提供了最先进和比较先进的技术的企业占比达到76%；与国内企业的技术比较，填补了国内空白的企业比例达到65%，其余企业都使用了国内先进技术。再比如外资企业在中国的出口增长中占了半壁江山，70%以上的高新技术产品是外资企业出口的。因此在全球化时代，要重视科技创新，但不能排斥引进技术，特别是产业技术，引进、消化、吸收、提高，是迅速提高产业技术水平的一条重要途径。同时，我还举了几个民营企业的例子，表明它们有技术创新的动力而且成了全球的“排头兵”行业。面对满堂意气风发准备大规模推进重大科技攻关项目的科技专家，我这番话的效果可想而知，质疑者、批评者甚多。不过，我对这个问题的各个层面确有深入研究，有足够底气，并不怕质疑。第二天本来可以不参加会议，听说了这些反馈，我还专门去和专家们讨论请教，我以实际情况、数据案例说话，倒也挺有力度，并未被问住或驳倒。至今还有不少人记得这次争论。

在那次发言中我特别表明，坚决支持在市场不能为、不愿为或者交给市场主体效率低、速度慢的关键领域中，由国家组织重大攻关项目。但是，当时想要组织攻关的技术专项，既有类似“两弹一星”这样服务国家重大目标、无须通过市场竞争检验的战略性项目，也有更多需要进入市场与国内外企业相竞争的技术。后一类技术不仅需要有所谓“核心技术”的领先水平，还需要有设计和生产时间优势、成本优势，特别是成本控制与极高良品率一致性的优势，还有嵌入到现有配套产业链或推动形成新配套产业的优势。哪一种能力的形成都充满着不确定性和风险，都需要基于企业家精神的创新与拼搏，也需要市场提供激励和溢价变现的通道，消化试错成本并分散失败的风险，有效的体制机制才会吸引越来越多创业者和投资人甘愿冒失败的风险倾心于创新。

我国互联网产业的发展是一个典型案例。当时，有无数的中国创业者投入到了全球互联网大潮之中，各类互联网公司如雨后春笋般涌现，BAT（百度、阿里巴巴、腾讯）三家公司都已崭露头角，但还不那么突出和知名。虽然有过多次“是否太多”“是否太乱”的讨论和担心，但政府并未如此前那样选择以“定点企业”“牵头企业”等方式给予其选定的企业特别支持，也没有以过早或过度的监管抑制更多企业的创新，而是顺势而为，容忍了这种“一哄而起”的竞争格局，并以各种方式提高全社会对信息化和互联网的认知度，我国互联网普及率以远高于世界的速度增长。经过“泥沙俱下、大浪淘沙”后，最顽强最幸运者“脱颖而出”。BAT三家并非政府选择的企业分别在搜索引擎平台、电子商务平台和社交平台方面站到了全球产业的前沿，还出现了众多“独角兽公司”和更多的创新型中小企业。在这个过程中，企业不断调整和改进，在应对假冒产品、信息披露、交易信任和物流配送等方面，虽然做得不算尽善尽美，却也是持续有效改进，得到市场和消费者的认可。从2012年开始，中国互联网普及率超过世界平均水平。

在那次和科技界的讨论后，我写了一本专著《全球化中的科技资源重组与中国产业技术竞争力提升》，比较系统地梳理了国内外的经验，认为我们已经进入科技全球化时代，技术要素正在大规模跨国界流动和优化重组，我们要利用好这次机遇。

专栏十七　科技全球化：技术要素大规模跨国界流动和优化重组

（2004年）

技术的跨国界转移是一个已经长期存在的现象。自20世纪90年代以来，技术的跨国界转移有了一些突出的新特点，被称为“科技全球化”。

1．科技要素在全球范围内优化配置，外部技术来源的重要性增加

技术能力表示一个企业研发和使用新技术的能力，R&D能力是其典型代表。20世纪90年代特别是90年代中期以来，跨国公司的R&D活动大量跨国界流动。许多企业不再追求完整的自主研发能力，而是将越来越多环节的技术活动从本企业中分离出来，纳入企业间国际技术合作和创新网络之中。下图显示了在1992—2001年仅仅10年间，美国、日本和欧洲跨国公司中，高度依赖外部技术资源的企业的比重，已经从平均不到20%迅速上升到了80%以上。

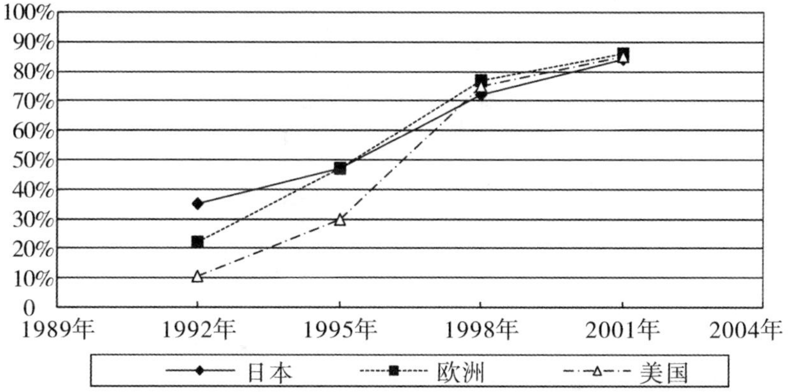

高度依赖外部技术资源的公司所占的比例

20世纪90年代中期以来，跨国公司海外研发支出比例的增长比较迅速。据OECD①（1998年）的统计，从OECD前50位研发支出最多的跨国公司的统计资料来看，1994—1997年间，日本的国外研发支出占国内研发支出的比例为57%，欧盟为42%，美国为33%，与1992年相

① Organization for Economic Co-operation and Development，经济合作与发展组织，简称“经合组织”（OECD）。

比有了较大提高。

从外部获取技术的渠道很多，包括一些大企业收购有技术潜力的中小企业，例如Bayer制定了收购有潜力的合作伙伴的长期战略，并将其技术直接融入企业当中。另一种获取外部技术的方式是协议开发技术和合作研究。已有1/3的企业与其竞争对手合作，未来将有一半以上的企业要这样做。正如一份研究所发现的那样，“今天主管研究的企业负责人越来越多地面临这样的难题，某些东西应当自己去搞还是购买。”例如，德国企业已经认识到，拥有强大联系网络、能够通过相互交流技术工艺而使创新程序趋于完善的企业在未来将会拥有广阔的发展前景。它们越来越重视来自外部的推动力。1995—1997年，德国企业用于内部研究开发的资金增加约7%，用于外部委托研究的费用却增加了约56%。而委托研究只是企业从外界获得技术的众多方式中的一种。企业购买创新技术的方式还包括许可证经营、研究与开发合作、参股、建立合资企业或全盘收购目标企业等。

2．跨国转移的技术中有大量先进技术

自20世纪90年代初期以来，发达国家跨国公司向海外转移先进技术的速度大大加快，技术研发出来后很快在其全球生产体系内使用，产品同步推向全球市场，有些技术还很快向海外企业转让。以计算机产业为例，无论是最新设计出来的芯片、最新制造的液晶显示器，还是最新推出的操作软件，近几年都是无间隔地在全球多个国家同步制造和同步使用，而不是限制在其国内使用。

3．一些产业中研发、设计与制造相分离，分工更加专业化

过去一二十年，专业研发设计企业大量出现，形成第三方技术供给。第三方研发是指许多产业内正在形成

大量专业型研发与设计企业，这些研发型企业本身没有制造能力，其业务就是接受其他企业的委托从事研发和设计工作。这种专业研发设计企业，出售的产品和服务就是研发成果和设计能力，它们遵循商业原则，向愿意购买的客户提供研发与设计成果。例如，在集成电路产业中，设计、制造、封装、测试四业分离的趋势明显；在医药行业中，一些大型制造公司将研究开发分包出去，出现了大量的医疗研发专业机构。研发与设计的专业化，推动着全球竞争性技术市场的形成。

——节选自《全球化中的科技资源重组与中国产业技术竞争力提升》，中国社会科学出版社，2004年。

此外，在财贸所工作期间，还有两件事值得一提。

第一件事，我做过一个地区间实际生活水平差距的研究。

2005年，我发表了论文《我国地区之间实际收入差距小于名义收入差距——加入地区间价格差异后的一项研究》。写这篇论文的前一段时间，我到过中西部一些省会城市，看到当地居民的实际生活水平提高很快，与沿海城市有差距但并不特别显著，起码没有显示出如同名义收入水平那样成倍的差距。例如，我出差到呼和浩特时，当时北京的房价每平方米已经过万元，那里的房价每平方米只有2000多元。我当时就感觉内蒙古虽然收入低，但是把所有消费支出加总后购买力可能与北京相差不多。于是我回来查了很多资料，写出了这篇论文。虽然跨界有些大，但我自己觉得还挺有意思也挺有意义。论文的基本思路是使用购买力平价这个概念，通过消除地区之间价格差异的影响，反映出地区间生活水平的真实差距。结论是不同地区城市之间居民实际生活水平差距小于名义收入差距。这篇论文的方法和观点都受到学术界的关注。

专栏十八　我国地区之间实际收入差距小于名义收入差距——加入地区间价格差异后的一项研究（2005年）

决定不同地区居民生活水平的主要因素有两项，一是收入水平，二是价格水平。目前有关地区差距问题的研究主要集中在收入水平差距方面。本课题研究收入和价格两个变量对不同地区居民实际生活水平的影响，用价格因素修正只考虑货币收入时带来的偏差，计算出各个地区实际生活水平的真实差距。

2004年，设西部地区的人均GDP为1，则我国东部和中部的人均GDP达到2.52和1.31。如果分省（自治区、直辖市）计算，人均GDP最高的上海市，已经达到55307元，北京市为37058元，最低的贵州省仅为4215元，上海市和北京市分别是贵州省的13.1倍和8.8倍。以人均收入衡量的差距要小一些，2003年，人均收入最高的上海市为13882元，浙江省也达到了9206元，而最低的贵州省仅为2766元，上海市和浙江省分别是贵州省的5倍和3.3倍。

不过，收入水平差距和实际生活水平差距是两个不同的概念，因为各个地区的价格水平不同。特别是一些在地区间不可流动和不可贸易的商品和服务，如房地产、教育、医疗、家政服务、餐饮服务等，地区之间的价格差异很大，有些可以达到数倍以上。

本项研究使用购买力平价的基本思路，通过消除价格差异的影响，研究地区间生活水平的真实差距。

下面表1是对样本构成的简单介绍。

表1 商品及服务样本

类别	项目	单位	规格
住房	大学生公寓住宿费	元/年	综合性大学（四人间）
	二类地段多层普通商品住宅	元/平方米	城区一般地段（多层包括低层）
	存量房住宅	元/平方米	不分地段、高度和结构
通信	本地网营业区内通话费	元/次	每次三分钟
	移动电话资费	元/分钟	包括移动和联通
	拨号上网费用	元/小时	居民个人拨号上网
医疗	住院费	元/(床·日)	普通病房（四人间）
	手术费	元/例	阑尾
教育	大学学费	元/学年	综合性院校
	高中学费	元/学期	市重点学校
	普通小学学杂费	元/学期	
交通	出租汽车租价	元/公里	桑塔纳、富康、捷达
	长途公共汽车车票	元/公里	普通国产客车省级干道
	公共汽车普票	元/张	一票制

（续表）

类别	项目	单位	规格
食品	鸡蛋	元/500克	新鲜完整
	鲜猪肉	元/500克	精瘦肉
	青椒	元/500克	新鲜一级
	香蕉	元/500克	国产一级
	牛奶	元/500克	当地主销
	啤酒	元/瓶	当地主销640毫升
衣着	男士纯棉背心	元/件	宜而爽普通全棉（L）
	纯毛毛线	元/500克	恒源祥中粗，本地主销

说明：所有商品价格均取自国家发展和改革委员会价格监测中心网站www.chinaprice.gov.cn。采样包括了36个大中型城市，价格采集时间是2005年2月。

下面表2是用表1中的样本计算出来的各个城市的价格指数。这里的价格指数，是指对购买表1所示的一组商品和服务而言，在不同地区需要支付的价格之比，并设定北京市为比较基数，即北京市的价格指数为1。

表2　各城市价格指数

序号	城市	价格指数	序号	城市	价格指数	序号	城市	价格指数
1	北京市	1.00	13	呼和浩特市	0.84	25	沈阳市	0.79
2	长春市	0.72	14	济南市	0.94	26	石家庄市	0.74
3	长沙市	1.00	15	昆明市	0.77	27	太原市	0.83
4	成都市	0.92	16	拉萨市	0.95	28	天津市	0.96

（续表）

序号	城市	价格指数	序号	城市	价格指数	序号	城市	价格指数
5	大连市	0.83	17	兰州市	0.60	29	乌鲁木齐市	0.77
6	福州市	0.93	18	南昌市	0.73	30	武汉市	0.67
7	广州市	1.10	19	南京市	0.99	31	西安市	0.71
8	贵阳市	0.86	20	南宁市	0.88	32	西宁市	0.74
9	哈尔滨市	0.87	21	宁波市	0.98	33	厦门市	1.05
10	海口市	1.03	22	青岛市	0.89	34	银川市	0.74
11	杭州市	0.95	23	上海市	1.45	35	郑州市	0.75
12	合肥市	0.81	24	深圳市	1.43	36	重庆市	0.85

衣着和食品是城市之间价格差别最小的两个类别。而房地产和服务消费在地区间基本不能流动，城市之间价格差别明显，成为构成各个城市价格差距的主要因素。

设北京市的价格指数为1，西宁市、兰州市和银川市三个城市的价格指数分别为0.74、0.60和0.74，深圳市、广州市和上海市的价格指数分别为1.43、1.10和1.45。其含义是，购买同样一组产品和服务，如果在北京要花费1000元，在西宁市、兰州市和银川市分别只需花费740元、600元和740元，在深圳市、广州市和上海市分别要花费1430元、1100元和1450元。

因此，人均名义收入和人均实际收入是两个不同的概念。不同地区城市间人均实际收入差距明显小于人均名义收入差距。按人均名义收入计算，深圳市分别是西宁市、兰州市和银川市的3.39倍、3.37倍和3.24倍。而按人均实际收入水平计算，深圳市与这三市的收入差距分别缩小为1.75倍、1.40倍和1.67倍。下图是36个城市的人均名义收入和人均实际收入。

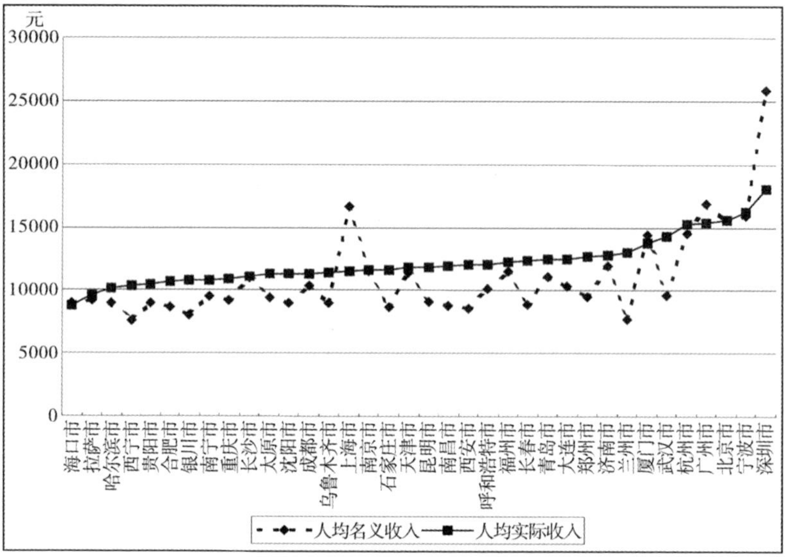

各城市人均名义收入和人均实际收入

结论是我国地区之间实际收入差距小于名义收入差距。

——节选自《我国地区之间实际收入差距小于名义收入差距——加入地区间价格差异后的一项研究》，《经济研究》2005年第10期。

第二件事，着手准备翻译“服务经济译丛”。在财贸所工作期间，我开始考虑组织翻译一套服务经济方面的经典文献。当时我想看看有关文献，却发现国内多年来翻译的经济学经典文献中，几乎没有服务经济的文献。有鉴于此，我想集全研究所之力翻译一套“服务经济译丛”，将国外最经典和最新的研究成果引进来。除所内学者外，我还约请了国内对服务经济有一定研究的学者和留学生推荐书目，综合考虑影响、内容、作者、行业分布等因素，初步选定了二十本，多数是服务经济理论和服务贸易理论方面的经典之作。当时已经基本选好译者，但一时没有找到经费，拟定的出版社也提出需要我们联系版权方。就在此时，我调离了财贸所到政府部门工作，但我并没有放弃这个愿望和相关努力。后来在清华大学公共管理学院产业发展与环境治理研究中心（CIDEG）和格致出版社、上海人民出版社的支持下，于2011—2012年翻译出版了这套丛书，共十四本。迄今这套丛书还是国内唯一一套比较权威的服务经济经典文献译丛。出版事宜得到了陈昕先生的鼎力支持。陈先生在20世纪80年代任上海三联书店总编辑时，就主持出版过“当代经济学系列丛书”，这是当时经济研究界高水平的一套丛书，后来他一直活跃在出版界，持续出版好书和挖掘新人。

伍

在国务院工作的14年：政务工作中的学术思考

一 前期工作参与：参加中央文件起草和当选中共十六大代表

2004年，我被调到国务院研究室担任副主任。这次调动看上去突然，但实际上是有前奏的。

1996—1998年，我在社科院科研局做经济学科片的专职学术秘书，配合当时的院长李铁映、常务副院长王洛林，协调6个经济类研究所即所谓的经济片，完成中央交给社科院的重要任务。我在任期间，这类任务包括为十五大报告起草做准备的一些调研课题、为中国“入世”谈判提供研究成果、回复党中央和国务院一些重要文件的征求意见稿等，因此，经常会去有关部门领任务交成果，还列席了若干次中央领导人召开的汇报会、座谈会，对决策层的工作有了一些了解。

1999年，我被抽调参加十五届四中全会文件起草组，参与起草国有企业改革文件，这是改革开放以来第一个专门研究国有企业改革的中央全会，也是迄今唯一一次。由于我此前长期研究国有企业改革问题，在学术界和决策界都有一定的影响，观点比较鲜明，因此被点名参加起草组。自20世纪80年代初期开始，国有企业改革先后经历了扩大经营自主权、“两步利改税”、利润递增包干等方面的改革，对调动企业和职工的积极性发挥了重要作用。但一些更深层次的问题并没有解决，如企业短期行为、自我约束不够、预算软约束和企业内部人员控制等，这些都是已有的改革措施所无法解决的。1993年十四届三中全会制定了《中共中央关于建立社会主义市场经济体制若干问题的决定》，确定了社会主义市场经济的体制框架。关于国有企业改革，文件明确提出“建立现代企业制度，是发展社会化大生产和市场经济的必然要求，是我国国有企业的改革方向”，并且将“产权清晰，权责明确，政企分开，管理科学”确定为现代企业制度的基本特征。然而，如何建立现代企业制度，国有性质要求的企业组织架构（如党委会、职代会）与现代公司制企业要求的组织架构（如董事会、监事会）是什么关系等问题，理论上并没有解决。与此同时，由于内外部环境的变化，市场竞争加剧，20世纪90年代中后期相当部分的国有企业经营困难，大批企业停产，职工下岗。1997年开始，中央实施了国有企业三年脱困目标，对困难企业实施下岗分流、减员增效和再就业工程，推动兼并破产，淘汰落后产能，调整企业资产负债结构等。

1999年的十五届四中全会就是在这个背景下召开的。全会做出决定，要调整国有经济布局，有进有退，有所为有所不为，国有企业向涉及国家安全的行业、自然垄断行业、提供重要公共产品和服务的行业，以及支柱产业、高新技术产业集中，在其他行业中则应逐步退出。这个方向的确定并非一帆风顺，有过许多尖锐争论，最后时刻才确定下来。印象深刻的问题还有党委会、董事会、监事会、经理层、职代会的关系问题。因为文件中明确了对国有企业要进行公司制改革，要完善公司法人治理结构，因此以上几方面关系的处理就绕不过去。对这个问题存在不同意见，反反复复好几次，最后确定的是“双向进入”，即党委负责人可以进入董事会和监事会，董事会、监事会和经理层中的党员负责人可以进入党委会。当时我所在的小组负责这部分内容的起草，时任国家经贸委副主任的陈清泰先生是我们的组长。陈主任长期在企业和国资管理部门工作，对问题的理解和思考很深，态度和蔼但改革的主张很坚定，以丰富的经验带着我们寻求突破点。还有一个争议是关于放开搞活上万家国有中小企业的具体途径，是在保留国有企业的性质下放开搞活，还是将它们“放到市场上，搞成多元化”。文件提出了七种途径，即改组、联合、兼并、租赁、承包、出售和股份合作制。总体看，这个文件的内容符合我国国情和市场经济发展的基本要求，是向前看往前走的。这个文件起草时，正是国有企业普遍经营困难时，因此改革能较快推进。此后国有企业效益较好且手中握有大量资源时，改革的推进就变得缓慢和不平衡。

此后几年，我多次参加一些重要文件和重要讲话的起草工作，包括十五届五中全会，十六届二中、三中、五中全会和十七届二中、五中全会等。每次起草工作都给我留下深刻印象。特别是十六届三中全会的文件《中共中央关于完善社会主义市场经济体制若干问题的决定》，是继十四大之后特别是十四届三中全会做出《中共中央关于建立社会主义市场经济体制若干问题的决定》之后，再一次全面部署改革任务的文件。在文件起草过程中，关于建立现代产权制度的提法，关于发展混合所有制经济使股份制成为公有制的主要实现形式的提法，都是重点讨论和反复斟酌的内容。这个文件还第一次提出，非公有制企业在使用生产要素、市场进入和竞争、受法律保护等方面，要与公有制企业享受平等待遇。中央全会的文件起草组一般有四五十人，由中央领导担任组长、副组长，成员有来自各部委的领导、国有企业领导、地方领导、专家学者等，应该说起草组内部的讨论还是比较开放和充分的，称得上是重大决策的高层民主过程。参与中央重要文件起草工作，使我对中央重大问题的决策过程，对一些重要观点的形成和发展，对一些重要提法的内涵和意义等都有了更加深刻和全面的理解。

2002年，中国社会科学院选举中国共产党十六大代表，我高票当选。开大会时当选为大会主席团成员，还被提名为中央候补委员的候选人，可惜最终落选。后来十八大时我当选为中央候补委员。

这些经历使我对行政机关的工作有了一定的了解。后来有领导同志告诉我，我参加这些活动的表现，为后来选调我到国务院工作打下了基础。他们看中我的四点：了解现实问题，能讲不同观点，讲得有道理，提的建议有操作性。另外也认为我态度端正，做事认真。

在这个转变过程中，我得到过许多有益的教导和帮助。我离开中国社会科学院时，去向院里一位老领导请教，请他指点如何做好新的工作。他看我踌躇满志的样子非但不鼓励，还严肃地对我说，“不能把新岗位视为展现你理论水平的舞台，你去是为党中央国务院服务的，收起你的想法，认真虚心地看、听、学和悟。”这个提醒相当程度上端正了我对新岗位的基本心态，算得上是给我上了“入职第一课”。

二 政府工作中的学术感悟

2004年我调到国务院研究室担任副主任，2011年又调任国务院副秘书长。行政工作经历不是本书的重点，我也把握不好什么能说什么不能说。因此，我还是谈一些与学术研究相关的体会和感悟吧。

1. 高层的意愿和意志非常重要

那种各方面完全达成一致的重要决策并不多，许多问题靠讲理论讲理念也不能彼此说服，因此在充分听取各方面意见后要由高层定夺。改革开放较早时期的决策过程我知之甚少，但后来一些重要决策如国有经济和民营经济同等重要，国有企业有进有退，国有企业建立现代企业制度，中国加入世界贸易组织，取消农业税、税制改革等，没有高层拍板决策，就难以突破理念和利益的障碍，也难以承担相应的改革成本。

以近些年力度很大的环境保护措施为例，虽然恶劣环境事件不断发生，舆情反映各个方面的意见都很大，加快治理的诉求迫切。但真的要行动时，就有许多担心和疑问，例如影响了经济增长、增加了投入、承担了过多的全球责任等。这些争论各有道理和立场，道理还可以讨论，但立场不容易改变，说理并不能解决分歧。况且学者们的观点也不一致，前提和结论并不相同。一方的观点认为，严格的环境保护措施既无经济效益也无社会公平，影响经济效益好理解，影响社会公平的逻辑是富人讲究生活质量，穷人却更需要增加收入，因此环境保护偏向富人的诉求。另一方的观点则认为，环境保护既有公平也有效益，富人有办法保护自己，例如只饮瓶装水、只吃进口食品甚至移居等，而穷人只能承受污染的种种恶果；同时，恶劣环境影响健康，大量的医疗费用支出会抵消从经济增长中获得的福利。最终并不是争议中的各方统一了认识，而是最高层下决心必须解决严重的环境污染问题，做出了“绿水青山就是金山银山”的判断，此后严格的环保措施才能出台和有效实施。再如近几年政府推动部门和地方“简政放权、放管结合、优化服务”（简称“放管服”），然而多数审批权的持权者都认为其有存在的理由，放手会带来新的问题。但高层领导认为政府管得太多、管得不当，削减了市场主体的发展能力和动力，这是当前的突出问题和主要矛盾，坚决推动，才使问题有了很大改观。

2. 试点是我国推动改革的重要办法，也是中国公共管理模式的特色

在我国40年改革开放进程中，试点发挥了重要作用。如此重视试点，除了“尊重地方和基层的经验、智慧和首创精神”这个基本理念外，还有以下几方面的原因。第一，对新的制度或政策的实施效果还看不准，需要进行小范围实测，观察实效和完善改革方案。大部分试点都属于此类。第二，表明此事仅在小范围试行，有进退余地，容易与持不同意见者达成妥协。例如改革早期的农村承包制、建立开放特区、

股权分置改革，以及最近几年的农村土地流转改革等。开始时难以统一意见和拿出普适方案，就从试点起步。第三，允许地方因地制宜推进改革。各地情况差距大，工作基础不同，有些政策不一定适合所有地方，或者不能同时起步，就以试点的方式分批分期推进。例如近几年的高考改革，需要地方有较好的工作基础和教育布局，因此就让自愿先改的省市先行试点。第四，有极少数试点是具体部门的“缓兵之计”，当改革呼声很高，来自上下的压力很大时，先说开始“试点”缓解压力，再视情况决定后续政策。第五，还是在部门层面，有极少数试点是“设租”的一种方式。这种试点往往内置优惠政策，或者具有政绩显示度，部门有试点决定权，就会有地方前来“寻租”。后两种情形就不举例了。概括一下，试点能够积累经验、测试效果、突破障碍和缓冲压力，是推进改革的有效途径。试点中也存在一些问题，不过迄今不算主流。近几年政府推进“放管服”力度很大，部门的权力削减了不少，极少数部门似乎有通过“试点”来“设租”的迹象，希望不要形成新的势头。

试点在中国改革进程中如此重要，但是，学者们对试点的分析研究相对较少。从理论分析角度看，试点效果好并不能得出大面积实施后的效果也同样好的结论。例如，从局部试点到全局推开，是典型的市场均衡问题。小规模试点时改变的只是局部均衡，不会改变整个市场的性质，市场价格可以被视为固定不变。但是全面实行后必定会导致全面均衡的改变，从而影响市场价格或者要素供给的均衡，产生不同于小规模试点时的结果。比如当一个奖学金项目只是提高了一个小群体的教育水平时，这个小群体的回报是很高的，但是全面推开这类政策后会提高整个国家人口的教育程度，从而降低教育的整体回报率。再比如，当小范围试点“政府私人合作伙伴（PPP）”项目时，由于管理精细且关注度高，项目推进过程的可控性较好。而当大面积推开后，有可能出现严重的利益输送或腐败问题等。我本以为做这种“试点—推广效果差异评价”的研究应该不少，但实际上却很少能查到类似文献。

3. 学术界的意见有较强助推力

当多数学者有定见时，决策层往往会认真倾听和对待。记得1999年起草十五届四中全会国有企业改革文件时，研究机构和学者个人写给起草组的研究报告、意见和建议有上百份，绝大多数都认为国有经济改革必须有实质性进展，不应该在一般性行业中与其他类型企业相竞争。这个“意见包”对改革决策产生了重要影响。另外，有些情形相对少见，专业性强，相关部门感到对事态和特定处置措施的后果不太有把握，此时学者们分析透彻的专业性建议会起到重要作用。例如，有一段时间某种形态的学术诚信问题成为国内学术界的大问题，在国际上也造成不好的影响。但问题的性质和程度都不易判断，相关部门一时没有定论，甚至有“放过”的迹象。清华大学的薛澜教授对问题做了深入分析，认为需要认真处理，并提出了工作建议，切实推动了相关工作。还有一种情形，就是当各方面呼声很高，要求制定某种脱离实际、不可持续的福利政策时，经济学家有时会提出质疑，这种意见也容易被决策者重视和接受。

近些年来，随着信息公开程度的提高和网络普及后公众表达意见的渠道增多，学者们的意见经常受到批评质疑。例如在医疗改革过程中，不少经济和社会学方面的专家不同意将基本保障水平定得高，不同意将报销比例提得过高，就被批评为缺乏对患者的同情心。现在似乎有一种倾向，专家们表达观点时更加谨慎和隐晦，或者用“两方面”来平衡。记得有一个重要问题，几位专家都有明确意见，但公开讲时都讲“两方面”，我问他们的意见是“既要……，也要……”，还是“既要……，还要……”，或者是“既要……，更要……”，他们想了想说是“既要……，更要……”，由此表达了他们的倾向性。

不过，我国学者似乎较少做论证改革方案或政策效果的研究。然而这种研究很需要。确定了政策目标之后，需要检验多重目标是否彼此相容，或者实现这些目标的手段是否恰当和够用等。记得2004年前后，刘遵义先生在《比较》杂志上发过一篇关于社会保障改革不同方案的资金筹措和可持续性问题的论文，有比较详细的数据测算。我当时正好在起草一个文件，有社会保障方面的内容，我把论文拿给一位领导看，他感叹地说，要是这类研究多点就好了，我们都知道应该建立保障体系，但账算不清楚就开始推动，不是负责任的态度。我担任国务院副秘书长期间，联系教育、科技、医改等问题，从很多学术研究成果中受到过启发。但是，总体上看还是讲道理多，详细测算少。这种状况在很大程度上影响了观点的接受程度和实用性。

还有一种情形是，学者们提出一些相对“彻底”和“根本性”的重大建议时，问题看得透彻，思路和道理都正确。但是，决策者们还希望能看到对实施中可能碰到问题的分析和对实施成本的评估，把握好措施的轻重缓急。例如，现在有学者批评说，2008年国际金融危机爆发后，政府努力救助企业，使市场不能发挥淘汰过剩产能和落后企业的作用，导致问题积累。然而在当时，多国政府都有相似行为，国家之间有合作但更多的是博弈。既有“以邻为壑”，也有“为己筑坝”，为防止本国产业受影响而投入巨额资金，导致了全球性的货币宽松。谁都知道这样做有问题，但都希望让本国企业续命而他国的企业首先倒下。当企业和银行之间存在一个庞大的债务链时，政府必然担心多米诺骨牌似的问题出现，难免让“看不见的手”和“看得见的手”一起挥动。学者们当时和后来提出了许多建议，但比较完整、有测算、可操作、能避免最坏情形的方案并不多。当然，专家们道理讲得透彻，也能产生重要甚至决定性的影响，这方面的例子也不少。

4. 确定政府干预是否合理并不容易

市场经济和对外开放，是我们40年繁荣的源头。但是我们的市场经济也确实与西方不同，政府的干预较多。我国经济社会持续高速发展，快了就容易不稳，因此调控的必要性强于稳定发展的国家。特别是GDP竞争压力下的地方政府，既有不当干预企业的行为，也有为企业赋能的动力和能力，能够助推企业进入市场并增强其竞争力。就连阿里巴巴、腾讯、百度这些今日的巨型企业，成长初期也得到过地方政府的诸多支持。外资企业的立场和观点就很有意思，它们长期受到地方政府较多有形与无形的关照，彼时并未指认这种做法不符合市场规则。最近几年我们强调内外资平等待遇，一些外商就抱怨中国投资环境恶化。我暗自想他们以前“找市长”就能搞定的诉求，今日也要按程序办理了。虽然投资环境还需要进一步改善，但这种内外资平等的原则没有错。过去几十年，形势发展变化很快，后来人们指责的“坏”的政策往往是那些实施过久的“好”的政策。所以原则上讲政府干预要合理是对的。但是在每一件具体问题的处理上，有时候界线并不清楚。

还有一件事让我印象深刻。2009年，中组部组织了一个领导干部培训团，在清华大学公共管理学院和哈佛大学肯尼迪政府管理学院分别接受两个月的培训，我担任团长。在哈佛期间，危机处理和应急管理是一门主课，以案例教学为

2009年，美国波士顿，中组部哈佛培训班（右二为江小涓）

主。第一堂课老师讲解几个案例后开始讨论，有一位市委书记上台说，“危机类型那么多，你们这一套太复杂了，而且挂一漏万，我们很简单，只要书记到场，叫谁谁来，让谁上谁上，需要什么调什么，有预案也只是底线，现场要随机处理的问题太多”，然后还讲了一个自己城市的例子。此头一开，书记市长们纷纷登台讲述，后来几次的课堂就很热闹，连老师也觉得很有趣，叫来助教一起听，认为中国另有一套体制和机制，有的时候很管用。

后来，有一位书记得意地告诉我，上课还是很有用的，他回去后就在一次会议上“很有理论高度”地讲了一次应急管理问题，大家都赞扬他有了“清华”和“哈佛”水平。我就想起科斯说过，他曾经当过一段时间的公务员，上司从不接受他的意见，他仍然锲而不舍地提，因为他相信当人们请求上司给指示时，上司一定需要说点什么不同的东西，就会想起他说的。后来发生的事情果真如此。

2010年，国外访问期间

三　继续做学术研究

长期做研究，读书、思考、写作成了我的习惯。此时不仅心安神怡，甚至身体各方面机能也更好，比如我专心看书时食欲更好，晚上写点东西休息更好。到国务院工作后，我并没有放弃研究工作，只不过从职业行为转变成一种业余爱好。不过，研究的内容和方法变化较大。有熟悉的学友问我，在国务院工作应该掌握更多的情况，为什么不再继续做实证和案例研究。原因一方面是工作较忙，学术研究只能在晚上、周末和假日，而且这些时间段归我个人支配的也不多，研究只能断断续续，因此不可能再做那种耗费时间追根溯源、探求完整过程的案例研究。另一方面是因为工作岗位的性质，不方便对具体企业具体事件做分析下结论，也不能将工作中所见所闻用于个人学术研究。因此，这段时间我偏向于做一些学理性和计量性的研究，比如《我国出口商品结构的决定因素和变化趋势》（《经济研究》2007年第5期）、《服务业增长：真实含义、多重影响和发展趋势》（《经济研究》2010年第4期）等。不过，由于工作岗位的要求，我也做了一些与现实问题结合紧密的研究工作，主要有以下两个方面：

1. 政府机构改革和职能转变问题

2004—2011年期间我在国务院研究室当副主任，这个机构最重要的工作是每年起草《政府工作报告》。时任国务院总理温家宝很重视政府自身改革问题，每次都要强调这部分要写实写好。时任研究室主任的谢伏瞻先生曾长期在国务院发展研究中心工作，是典型的学者型官员，对政府改革问题有深刻理解，他带领起草组认真研究提出建议，这方面内容成为那几年《政府工作报告》中的重点、亮点。谢主任还担任过统计局局长，多次说过统计数据必须真实，其他人的解读应各负其责，显示了他尊重事实的学者本色。这段时间我还参加了十六届二中全会和十七届二中全会文件起草组，参与了政府机构改革的方案制定和文件起草工作。

我国社会主义市场经济体制是从原来的计划经济转型过来的，这种关联和渊源决定了政府自身改革与职能转变的重要性和核心地位。政府改革和其他改革相似，都是先从好改的、不得不改的和改别人的内容做起。例如较早就推进了一般价格的放开，但是生产要素和资源产品的价格改革进展就较慢，土地、信贷等要素的配置受到政府较多控制，一些行业仍然存在行政垄断。再如，当20世纪90年代中后期国有企业普遍经营困难时，国有企业的改革就能较快推进，此后国有企业地位特殊效益较好，改革的推进就变得缓慢和不平衡。我多年观察的感受是，对大权在握的某些部门来说，改革既有主动作为，更有它们左右不了的力量的推动，这种力量或者来自上级，或者来自社会。2005年党的十六届五中全会做出的“加快行政管理体制改革，是全面深化改革和提高对外开放水平的关键”的判断[1]，是完全正确的。

最近几年，党和政府对公务部门和公职人员失职行为的问责力度加大，极少数机构和人员出现了卸责减压的苗头，试图借“简政放权”之机将那些应该由政府管理的事情“放权”，例如安全和健康方面的监管。没有权责对称的要求，无论“大政府”还是“小政府”，都不会是精简高效和全面履行职责的政府，有可能“大”是权力大，“小”是责任小。因此，需要存在能有效监督改革的力量，重点是依法行政和扩大民主监督。

在国务院研究室工作期间，每年“两会”后，《政府工作报告》起草组都要写一本辅导书，参与起草的人各写一篇。我总是选择有较多改革含量的内容来写，政府改革和职能转变是撰写较多的内容。

专栏十九　继续推进职能转变，全面正确履行政府职能（2008年）

职能是政府定位的核心，转变职能是行政管理体制改革的关键。转变职能之所以重要，是因为关系“将事情做对”这个方向性问题；只有方向对，才谈得上“将事情做好”这个能力问题。方向出问题，其他努力会事倍功半，甚至发错了力、做反了事。

多年来这方面的改革取得明显成效，但是问题仍然很多，政府仍然管了不少不该管也管不好的事，有些该管的事却没有管好。这里强调三个方面的突出问题。

① 《中共中央关于制定国民经济和社会发展第十一个五年规划的建议》，人民网（http://cpc.people.com.cn/GB/64162/64168/64569/65414/4429220.html）。

一是不能先扭曲再校正，重复干预。有些事情政府去管，有貌似合理的理由，因为“市场不起作用”，但首先要分清不起作用的原因是“市场失灵”还是“市场扭曲”，“失灵”需要政府调控，而许多“扭曲”本身就是行政权力不恰当干预造成的，需要规范权力和消除扭曲。例如，垄断为企业提供了不当获利的机会，损害公众利益，这成为对这些企业进行监管的“正当理由”，但有些垄断本身就是行政干预或体制因素造成的，消除这些导致扭曲的因素才能解决问题。扭曲叠加监管更不易管好，还可能导致更多的设租、寻租机会。再如解决公共资源交易中存在的问题，再多的监管办法，都不如公开交易、阳光下交易更能保证权力的正当使用。

二是加强社会管理和公共服务不是政府大包大揽。即使在社会领域，政府的职能和作用也是有限的，要更好地发挥公民和社会组织在社会公共事务管理中的作用，这与在经济中更好地发挥市场配置资源基础性作用的意义同样重要。凡是公民个人和社会组织能够管理和服务的事情，政府就不应该包揽。在不同的公共服务领域，政府有公共权力的行使主体和公共服务的责任主体两种身份，后一种情况，政府主要作为提供者来提供制度安排和运行规则，而不一定要直接成为提供者。市场力量、公众和社会组织是公共服务产品供给机制中不可缺少的主体，具有效率较高和形式灵活的优势。

三是权责对称全面履职。行政体制改革，政府既是改革方案的制定者，又是改革对象，角色冲突往往导致改革任务落实难，执行中变通方法多，改革过后易反弹。难点集中在两个方面：有利益的权力不愿放弃，阻碍转变职能；无利益的责任不愿担当，阻碍全面履职。因此需要有推动力量，有保障改革正确方向的机制，重点是依法行政和扩大民主。

依法行政的本质是职权法定。以法律形式明确政府职能，权责必须对称。否则，无论“大政府”还是“小政府”，都不是全面履行职责的政府，有可能“大”是权力大，“小”是责任小。不能一讲转变职能就想卸责，一讲全面履行职能就想扩权。要切实做到有权必有责、用权受监督、违法要追究。

要在改革决策、执行和监督各个环节更多地发扬民主。自我改革的制约因素很多，各方面广泛参与才能形成有效的外部压力，要继续健全对行政权力的监督。这里再强调一下利益相关者监管的重要性，特别是行政相对人的参与。只有被监管对象能够坚定、有效地主张自己的权利，才能真正制约监管权力的滥用。这是突破利益制约、提高改革效率和降低改革成本的重要因素。要提高政府工作透明度，创造条件让人民群众更好地监督政府。

——节选自《推进职能转变，全面正确履行政府职能》，《求是》2008年第9期。

2. 公共服务中的理论问题思考

在实际工作中时常碰到一些涉及经济理论和公共政策的问题，感到需要学理支撑和理性思考。特别是涉及教育、科技、卫生等公共事务时，许多主张有“公平”“正义”“为民”的理由，立场正确，需要做学术研究和理论分析，明确收益成本，排出轻重缓急。这些研究和思考，在许多政策制定执行中，都发挥了作用，派上了用场。

专栏二十　公共服务中的经济学思考
（2018年）

1．公共服务的机会成本与服务排序

公共服务既是经济问题也是社会问题，既要讲效率也要讲公正。当从不同角度看待问题时，评判标准和优先目标并不相同。这就要求政府在履行职能时要兼顾各方利益，在多元化、多样性中谋求共识。原则好讲，但实践中比较难以把握的问题，是如何在不同利益群体之间保持一种相对公平的均衡。例如政府应该对教育多支出一些还是对卫生多支出一些，不同部门不同群体的看法并不相同，需要做出权衡选择。虽然学者不应根据自身利益判断哪种需求应该排序在先，但是学者可以计算每种投入的收益和成本，特别是边际收益和边际成本。

以高等教育为例，国际经验表明，白领家庭孩子上大学的比例远远高出劳工家庭。例如，2002年，英国白领家庭的孩子85%都上大学，而劳工家庭仅有15%。如果高等教育免费或者政府大幅度补贴，就相当政府补贴那些相对高收入家庭的学生，为这类补贴而进行税收融资，有明显的累退性质，就相当于出租车司机、保洁工人要为伊顿公学的毕业生们纳税，不利于社会公平。其实，许多低收入居民的子女也希望能上大学，但凭自身收入却难以承受。政府有必要制定一些支持政策。解决问题的办法不应该是高等教育全免费，而是通过助学体系资助特定家庭的孩子接受教育。政府干预关键是合理、适度和精准，否则有可能事与愿违。以助学贷款为例，如果认为是给贫困学生补贴而使其利率明显低于市场水平，就会有一些本不需要这些贷款的高收入家庭学生使用这些贷款，甚至将这些贷款转用于其他用途。

2. 区分边际效应和平均效应

公共服务领域中的一个容易出现偏差的问题，是将最高点的边际效应视为平均效应，从而扩大政策应用范围。很多时候，有限度地应用一项政策时效果明显，但这并非是扩大应用面的充分理由。例如五分之一学习意愿和学习能力较强的本科毕业生继续接受研究生教育，他们本人和全社会的收益与成本之比很高，但不能说下一个五分之一的学生接受研究生教育也能带来同等的效益。再如，大学中最有创新才能的100名学生接受创新教育能带来100项创新成果，但不能说再增加100名学生就能再出现100项创新成果，更不能说全员创新教育能有相同效果。医疗领域也有类似问题，原本接受医疗服务较少的贫困群体从医疗服务中得到的边际收益极高，但并不一定要通过向所有人都提供免费医疗服务这种方式来惠及这些困难群体，而是针对低收入者和重病患者设计出合理的保障方式，或者由政府提供基本医疗服务，或者补助他们加入医保体系，还可以提供医疗救助。对整个社会来说，政府有责任提供基本医疗保障体系，让人人都能享有基本医疗服务。

3. 研发要划分好政府与企业的边界

创新具有明显的社会收益，因此将其视为是公共品、强调加大政府投资的观点很有市场。但这个观点对解释现代经济中的总体创新态势不太有效。竞争推动创新是市场机制最本质的特征之一，正是因为企业之间为各自利益而进行研发竞争，才出现了史无前例的创新纪录。将特定企业的研发函数看作是整个经济的研发函数，会导致分析中的误导和实践中的困难。由于投入使用公共资金又无须对投入的回报负责，公共机构的研究人员对政府资助项目的需求无止境。而企业的研发行为自身就具备一种机制，使那些好的项目能够被筛选出来，而那些无效的创意被尽早摈弃以使资源不至于被浪费在无利可图的活动上。当然，对那些企业无力或不愿投入，但有重要经济社会需求的基础性、战略性的研发项目，政府介入并资助公共研究机构就有正当理由。

——节选自《网络时代的服务型经济：中国迈进发展新阶段》，中国社会科学出版社，2018年。

陆

时代呼唤：研究网络与数字时代的服务业

2013年以来，网络与数字时代的服务业成为我的主要研究内容。起因是经济结构和技术发展带来的背景变化。

2012年，服务业在我国经济总量中的比重首次超过制造业，这个变化具有跨时代的意义：中国进入了服务经济时代。我多年研究服务经济问题，深知按照传统经济理论，受服务业低效率带来的“成本病”影响，服务业占主体后，经济将进入低速增长时期。中国会遵循这个“规律”，转入长期低速增长时期吗？

我们是在网络和数字技术时代进入服务经济时代的。互联网已经广泛渗透，数字技术普遍应用，直觉判断，此时服务业已经改变了低效率的特点，我们能从理论和数据上证明这一点吗？

网络和数字经济从多方面对公共服务带来影响，网络普及使许多传统的公共服务领域如教育和医疗也具有了商业价值，社会资本进入后，可以与政府以相同甚至更低的成本提供同质服务。这能改变传统上需要政府提供公共服务的性质吗？

这些问题，既与我的工作有关，也与我长期的学术领域有关，我对这类问题自然有浓厚的兴趣。

一 网络时代服务业性质的改变

传统经济理论认为，服务业是一个劳动生产率低的部门，这源于许多服务过程要求生产和消费同时同地，“人对人”“点对点”，例如教育、医疗、现场艺术表演、保安等。在这个过程中，人力资本是主要的供给要素，不使用提高效率的机器设备，缺乏规模经济，因而其劳动生产率长期保持在一个不变水平。

然而，在网络与数字时代，服务业的性质发生了根本变化。

专栏二十一　网络时代的服务经济：性质改变及其意义（2017年）

互联网的广泛渗透，使服务的提供效率发生巨变，服务业呈现出三个新的特点。

一是规模经济极为显著。这源于许多网络服务的初始成本很高而边际成本很低，特别是可复制的文化类、信息类服务更是如此。卫星电视和互联网技术使那些以往只能现场提供的服务有了全新的商业模式。以文艺演出和体育竞赛表演业为例，以往数百年都只能为极少数现场观众提供服务，现在卫星电视将表演送达世界各地，网络提供了可复制、低成本的多种“观看”模式，普通消费者可以用极低成本获得大量的演出服务，消费规模得以极大拓展。网络上的一曲数字音乐，是一个听众还是亿个观众，制作成本相同，增加听众的边际成本极低。以音乐市场为例，2017年6月底，我国网络音乐用户规模达5.24亿，而2016年全年，走进音乐厅音乐会现场的观众仅为627.73万人次。目前世界上最大的足球场也只能容纳10万名观众，而一场著名比赛的电视和网络观众数可以上亿。

二是范围经济极为显著。互联网时代，一批以“经营平台”为特征的巨型企业迅速发展。平台将相互依赖的不同群体集合在一起，形成低成本高效率的“点对点”联结。依托互联网的平台规模，联通成本很低，有以去中心化为原则的自动匹配算法作为技术支撑，有着强大的竞争力。一个巨型平台形成后，可以销售多种产品和服务，并且以品牌优势不断拓展新的产品和服务。对消费者来说，登录一个平台就会应有尽有，对企业来说能最大化地利用平台资源，降低成本，提高效率。平台还改变了单个企业产生规模经济的条件。依托网络，生产者与消费者直接交易，消除了传统商业模式从生产到消费中间存在的多层营销体系，显著降低了交易费用。特别是小微企业，依托平台可以摆脱规模小的不利影响，不受地域限制地向全世界消费者提供服务。

三是长尾效应极为显著。"长尾效应"是互联网时代专有的学术名词，是指当产品和服务多样化的成本足够低时，那些个性化强、需求不旺、销量很低的产品和服务仍然能够"上架"，这些"小众""冷僻"的需求汇聚而成的市场份额可以和那些少数热销产品所占据的市场份额相匹敌甚至更大。互联网企业没有库存，网站维护费用远比传统店面低，平台能够聚焦无数的卖家和买家，能够极大地扩大销售品种。例如，一家大型书店最多可摆放10万本书，因此不可能摆放那些很小众和冷门的书籍，但网络书店则完全不受此限制，亚马逊来自排名10万以后书籍占到销售额的四分之一以上。如果将少数热销产品比作躯干，那些低销量的品种就是尾巴，由于尾巴很长，汇聚起来就成为巨额销售。这表明在网络时代，多样性、复杂性的增加并不意味着平均成本的增加，现有的分工理论受到挑战。

总体看，服务业的生产率显著提高，有些甚至超出了现代制造业的水平。因此，不能照搬其他国家的经验，认为进入服务经济时期意味着增长速度的必然下降。

——节选自《高度联通社会中的资源重组与服务业增长》，《经济研究》2017年第3期；《网络空间服务业：效率、约束及发展前景——以体育和文化产业为例》，《经济研究》2018年第4期。

二　体育产业——网络时代的典型服务业

体育服务业这个看上去有些“边缘”的产业在我这个时期的研究中占有相当分量，这有偶然性也有必然性。偶然性是一连串事件的发生，必然性是这个行业和我的工作相关。两者结合，引发了我的研究兴趣。

从2014年到2017年，每年都有出乎意料和启迪思想的事件发生。

2014年。我女儿是梅西迷，2014年世界杯时想要一件阿根廷国家队“太太女友”啦啦队的服装。这是“小众需求”，国内实体店没有销售，我在“58同城”上发布求购信息后，很快就有在国外代购但尺码不合适的卖家回应，这个尺码恰恰适合女儿，当日就成交。没有互联网，这笔交易无法想象。

此时女儿还在上高中，正在选择“研修型学习”课程的题目，我和她讨论了这个事件的学术意义，她很感兴趣，决定研究互联网时代的足球俱乐部营销问题。她自小是个十足的足球迷，初中时就提过一个要求，如果将来考上清华北大，就让她去西甲巴塞罗那的主场看一场比赛。她对职业足球的了解和理解都强于我，因此能够理解这件事情的意义。她在文中提出，职业体育所拥有的巨量“高黏度”消费者即所谓的“粉丝”，使其成为大数据应用的最合适领域之一。通过与她讨论，我才知晓了职业体育的许多基本情况，填补了我一个产业知识的空白点，并对此产生了学术兴趣。恰好当时高层对足球发展很重视，研究处理相关事宜成为我那段时间工作的一个重点，工作要求和研究兴趣有了结合点。

之后我和姚明先生有过一次交谈。他当时任职于CBA联赛公司，提出希望中国篮球协会放权、由联赛俱乐部共同拥有中国男子篮球职业联赛的商务权和竞赛权。后来他又发来邮件，进一步阐释其观点，其中有一段，精彩回应了为什么应该将比赛视为产业和按市场规则运作，再次丰富了我的理解：

> 联赛商业权和竞赛权给俱乐部，类似于由市场主体决定产品如何销售和决定生产什么产品。如果继续由政府来管理，很可能产品不符合市场的需求，或者好的产品却没有好的商业运作模式。其结果，是造成消费者要么放弃消费这个产品，要么寻求替代产品，如转向观看NBA或者中超联赛；还会导致好产品没有卖出好价钱，比如低价出售联赛转播版权。

我扩大眼界，开始关注各类职业体育以及整个体育产业。一旦有了学术观察角度，原本平凡之事就变得有意思有趣味，想不深入研究都难，结果越研究越有兴趣，越陷越深。

2015年。这年的9月25日我正在四川出差，收到短信得知中超5年电视和网络版权以80亿元的“天价”拍出，这个价位相当于单个赛季16亿元，而此前几个赛季，都只有区区几百万元、几千万元的版权费。我有点不敢相信，但这条信息却是最权威的人士发来的。我事先知道几个投标单位都很有实力又志在必得，闪过出价也许挺高的念头，但80亿元这个价位却是从未敢想的。这再次提醒我，市场对网络时代职业体育的估价有多高。当时足球改革刚刚起步，体育总局一位领导临阵受命，明知难度极大，风险很高，但能以工作需要为重，勇于承担，知难而上，尽心尽力，各方面工作都很有起色，特别是中超联赛搞得风生水起，球市火热，也花了大力气建立和完善青训体系，很得国内外业界赞赏。这个“天价”也反映了市场对当时足球产业、足球事业发展态势的乐观预期。我一直认为，赛事IP价格是一个较为可靠的指标，如果发展出了问题，市场预期不佳，人们出于各种考虑也许会说好话，但绝不会出好价。

2016年。特朗普竞选总统成功后，我在网上意外发现，他在20世纪80年代中期曾投资过一个橄榄球俱乐部，参加新成立的“全美橄榄球联赛”（USFL），一年后联赛倒闭，特朗普损失了投资，但这位未来的总统把握住机会，随即对另一个橄榄球联赛“美国职业橄榄球大联盟”（NFL）提起了反托拉斯诉讼，一时间这个消息充斥着各类媒体，特朗普及其企业因此名声大振。这则消息让我再次悟到了职业体育产业在高度联通社会中的品牌价值。

2017年。这年上半年，中国国家博物馆举办“大英博物馆100件文物中的世界史”特展，主题是从全球化的眼光看待人类历史。结束部分的一件展品是著名足球运动员迪迪埃·德罗巴（Didier Drogba）的一件球衣，德罗巴是科特迪瓦籍，长期效力于英格兰足球超级联赛切尔西足球俱乐部，还效力过意大利足球甲级联赛、法国足球甲级联赛、土耳其足球超级联赛和美国职业足球大联盟，甚至还短期加入过中超上海申花足球俱乐部。切尔西的老板是俄罗斯人，韩国三星公司是切尔西的长期赞助商，球衣在印度尼西亚生产，卖给了秘鲁的消费者。解说词是“一件球衣联结了所有的大陆”。看了这个展览，我体会到体育已被视为当代全球化的标志性产业。

与此同时，国内主流经济学界继续漠视体育产业。当时我搜索相关文献，在《中国社会科学》《经济研究》和《管理世界》等国内顶级刊物上几乎查找不到以体育产业为主题的文章。有一次我参加中日合办的清华大学产业与环境研究中心的活动，谈到发展体育产业，在场的一些国内学者持反对或者质疑的观点，认为体育的主要功能应该是增强人民体质，因此是政府应该提供的公共服务。这次会议的日方主席是青木昌彦教授，他讲了日本的经验，说日本以往也是政府支持的机构采用传统训练方法高强度训练运动员，后来不少项目产业化发展，不同团队进行竞争，实践表明后者效果更好，他举的例子有游泳、体操、足球等。青木昌彦教授是我最敬佩的一位学者，睿智博学、宽厚温暖，谈起体育产业我们视彼此为知音，约好多交换一些各自国家体育产业发展的情况和数据。但就在此次讨论后，教授不幸得急症离去。青木昌彦教授在我国学术界有较大影响，很多人为其离去而难过。

我有感于体育产业游离于国内经济学界的视线之外，希望能将体育产业带进学界主流，为此邀请了当时国内体育产业学界、业界一批专家，共同研究体育产业问题。我当时工作很忙，业余时间也时常有工作要研究处理，因此这项研究拖了较长时间，直到2018年才出版了专著《体育产业的经济学分析——国际经验及中国案例》。后来，我将自己研究的内容浓缩在四篇论文中，在我离开国务院副秘书长岗位后，分别发表在《经济研究》《管理世界》《中国社会科学》和《体育科学》杂志上，引起主流经济学界的广泛关注和积极回馈，也引起不少地方政府的关注。不少地方政府领导在不同场合都提到，看过其中某篇文章，并准备在当地大力发展体育产业。有朋友奇怪我为何短期内能写这么多有学术含量的论文，其实是五年时间慢慢打磨出来的。

专栏二十二　中国体育产业的增长空间有多大（2018年）

我国已经进入发展的新时期，体育提供的健康与快乐，是人民群众美好生活愿望中的重要需求，极具增长潜力，极具社会价值。

在互联网和数字时代，体育产业自身特点、我国需求特点和供给特点，都支撑我国体育产业持续快速发展。

互联网和数字时代体育产业的特点及我国的优势

产业自身特点	我国需求特点	我国供给特点
中高收入阶段的支柱产业	处于中高收入阶段且继续增长	资金充裕且投资界有较强投资意愿
规模经济显著	人数最多，大中城市最多，规模经济最显著	大型平台企业多，有突出的规模经济和范围经济优势

（续表）

产业自身特点	我国需求特点	我国供给特点
广泛应用互联网技术	网民最多且上网时间长	技术领先企业多，竞争力强
关注度有显著商业价值	人口基数大，同样关注度涉及的人数多	大数据广泛应用，关注度带来显著的衍生和跨界效应
政府支持是重要因素	政府重视民生和关注体育需求	政府对相关设施和项目支持能力强
全球化程度高	对国外优质比赛和球星关注度高	投资方转播国外高水平赛事和引进球星力度大

先看国际比较。当下体育产业占GDP比重，全球约为1.8%，美国约为2.85%，欧洲各国处于1.8%~3.7%之间，日本、韩国、加拿大等国在2%~4％之间。其中，美国、英国、加拿大、韩国等国家的体育产业占GDP比重超过汽车制造业，足见其支柱地位和增长潜力。

再看国内发展。2013—2016年，我国体育产业产值年均增长率是25.8%。2016年全国体育产业增加值6475亿元，比2012年增加3339.05亿元，产业增加值占GDP比重由2012年的0.6%增长至2016年的0.9%。按此速度，《体育发展“十三五”规划》提出的“到2020年体育产业增加值在国内生产总值中的比重达到1%”这个目标能够实现。

乐观的预期：中国体育产业将会以前所未有的速度和规模迅速展开。从体育产业发展的条件和动能看，中国人均收入持续增加，运动和健身需求持续增长，人口规模世界第一，资本供给充裕，商业模式和技术创新活跃，“互联网+”动力强劲，改革释放出大量高水平要素，开放引入全球资源特别是人力资本，政府推动发展的意愿足、能力强。这些因素都会使我国体育产业不但持续快速发展，而且会呈现出不同于其他国家的特色，先行者的路径和经验有可能被突破和超越，我们有望在不久的将来成为世界体育产业强国。

——节选自《中国体育产业：发展趋势及支柱地位》，《管理世界》2018年第5期。

专栏二十三　网络与数字时代职业体育产业的效率提升（2018年）

职业体育是指提供体育竞赛表演的产业。曾经很长时期，体育比赛是典型生产率停滞行业。1869年和1885年，美国和英国分别成立了职业球队，此后近百年，劳动生产率几乎没有提升。以足球比赛为例，为了向现场观众提供90分钟的比赛表演，两支球队共需22名队员，这种“用工”状况百年之久未发生变化，劳动生产率几乎停滞。然而同一时期，制造业劳动生产率急速提升。看到其他行业员工收入不断增加，球员也必然提出相应要求，但是职业球队却不能通过降低“用工量”即提高劳动生产率来实现这个要求，只能提高产品价格即门票价格，这又会导致观众减少。加上其他一些因素，到20世纪七八十年代，许多欧洲足球俱乐部运转艰难，多次停摆。

电视转播的出现是一个根本转折点，比赛开始从仅向现场观众服务转向面向全球观众提供服务。同样还是22个球员参加比赛，消费者却从以往最多数万名现场观众飙升至世界各地的数百万数千万甚至上亿人，规模经济极为显著，生产效率急剧提升。1960年，著名足球运动员贝利在巴西桑托斯队的年薪仅为15万美元；2016年，克里斯蒂亚诺·罗纳尔多（C罗）的年薪达2728万英镑。两位足球运动员收入差距巨大，是因为贝利时代没有通信卫星，只有很少人能去球场看比赛，市场规模很有限。2014年巴西世界杯赛向200多个国家转播，十几亿观众观赏了C罗的比赛，使其市场价值剧增。

和任何国家相比，我国职业体育的发展空间最大。这是因为我国人口基数最大。一个流行项目仅国内收视人数就可以达到上千万甚至数亿。2016—2017赛季，中超、CBA电视转播收看人数分别超过4亿和7亿。重要比赛单场次转播国内收视人数上千万。2015年3月底北京与辽宁的CBA总决赛6场比赛，电视观众人数达到1.9亿。由于观众基数大，一些全球性赛事中国站或中国赛场收视率最高。2015赛季WTA（国际女子职业网联）全球赛事转播电视收视人数为3.95亿，其中中国网球公开赛收视率排名第一，WTA年终总决赛反而排在第二位，收视人数分别是3464万和3249万，表明了中国体育转播市场有显著规模经济。2015年，中超5年电视和网络版权以80亿元的价格拍出，这个价位相当于单个赛季16亿元，中超进入了世界足球联赛价值排名的第六位。

中国还有一个特点，即大型和超大型的城市多，职业体育的现场观众主要来自城市，中国人口超过200万的城市有235个，超过500万的有105个，超过1000万的有14个，是所有国家甚至欧盟整体都无法相比的。这些城市都有条件容纳至少一个职业体育俱乐部，许多可以容纳三个以上。

根据我们的分析，由于人口基数大，我们职业体育比赛观赏者占人口的比例如能达到美国、欧洲、日本、韩国的平均水平的1/4，我们的现场观众、转播观众数量和产业规模都将扩大5~10倍。依据近几年的趋势判断，在2030—2035年之间达到这个规模是有可能的。在这个过程中，职业体育将与所有需要消费者亲身体验的产业如电影、演唱会、非体育类电视娱乐节目、游戏等争夺消费者的时间，同时还要与世界上任何一处的高水平比赛争夺电视和网络观众。因此，通过改革开放和创新不断增强竞赛水平和比赛的吸引力至关重要。

——节选自《职业体育与经济增长：比赛、快乐与GDP》，《体育科学》2018年第6期。

三 经济理论面对的新挑战

网络和数字时代服务业加快发展，给现有经济理论带来挑战。我发表的几篇论文，网络有评论说我质疑经济理论对互联网经济的解释能力。准确地讲，我的感受是，国内理论界在有些方面对于网络与数字时代新的现象和问题作出反应的能力确实不足，甚至不够重视，总是希望把如此不同的问题套进几十年前的“基本思路”中去讨论。如此的分析在何种程度上传播了有关现实世界的知识？当然，随着知识存量的增长和变化速度的加快，每个人的能力都显得不足与迟滞。知识之球愈大，其与未知界的接触之面就愈大；事态更迭愈快，一些趋新进取之人愈可能转瞬之间就落伍。相比之下，一些大型企业或社会化的研究机构还是做得更前沿、更现实、更有效。想来想去，可能是竞争压力不同带来的不同行为。

专栏二十四　网络与数字时代的挑战：理论准备如何？（2018年）

网络空间服务业体量巨大并高速增长，是今后相当时期内的主要增长点。它们带来与以往不一样的增长模式、竞争格局、收入分配和治理诉求，这些都有重要的理论蕴意。

1．时间：增长的硬约束

网络空间能够存放和提供的服务内容数量巨大，时时刻刻还在增加，消费者的多元消费需求也在不断扩张，看上去网络空间的服务增长似乎没有边界。然而，这类服务业的发展受到了一个极为硬性的约束因素：时间。时间不可储存、不能创造、不可预支、不可复制，其稀缺性是其他任何资源不能与之相比的。实物产品市场扩张受到的主要约束是购买能力，财力足够的消费者可以购买大量产品而无须花时间消费，拥有本身就是享受。富豪们可以同时拥有几十辆豪华车辆，可以拥有世界各地的多套别墅。但网络空间的服务消费是体验式的，消费者必须花费时间亲自参与，无论何人，同一时间内不可能参与两场比赛或观看两部电影，不能同时听两位老师授课，因而这类服务之间竞争的不是财富而是时间，不仅激烈残酷，而且注定有我无你。互联网每年可以利用的国民总时间总有增长到顶的时刻，然而服务的提供有增无减，竞争激烈可想而知。总之，服务消费时代，时间成了最为稀缺的资源，财富可以逐年增长和积累，时间永远是个常数。时间约束对服务业增长和整个经济增长的影响，我们还不完全了解。

2．“赢者通吃”与收入差距

稀缺要素索要高价是市场规律。土地缺少时地价贵，资本缺少时利息高，人工缺少时工资高。在文化体育等产业中，创造力和天赋最为稀缺，又有网络将创造力和天赋带来的“供给”低成本送达世界各地，获得极大的市场份额。因此，具备特殊天赋的艺术和体育界明星能获得巨额收入，成为全社会“工薪”收入的塔尖。显然，以往对贫富差距的分析思路，诸如资本剥削劳动、雇佣关系、食利者阶层等概念都不适合用于描述这一批新的财富创造者和拥有者。消费者“只选最好”和供给者“赢者通吃”是互联网时代决定收入分配的重要新因素。

3．“乐消费”的社会价值冲突问题

互联网时代，“乐消费”即满足精神和心理需求的消费已经成为重要的服务产业。但是这类消费中的相当部分有争议。例如，网络游戏“上瘾”问题对青少年人群的负面影响显而易见。再如对“富”“贵”“星”者各种信息的收集和传播，是网络信息的重要部分，创造了形形色色的商业运作，在娱乐产业中占有重要地位。炫富、猎奇、攀比甚至嫉妒等不当精神和心理需求，还会诱导窥探他人隐私、制造传播谣言、嘲讽诋毁他人等信息的制造和传播。然而，将这类信息服务供给纳入经济分析、纳入GDP的统计，既有理论上的困难，更有价值观上的质疑。在服务业研究中如何处理这类需求，在服务业统计中是否应该剔除这类产出，都是长期争议的问题。

4．数据产业发展和个人隐私保护的矛盾日益突出

网络时代个人数据和隐私保护成为一个普遍的社会问题。特别是大数据技术的应用，其特点是“挖掘”，原本的零散信息通过大数据的整合很可能变成了对个人隐私“挖掘”很深的数据。比如私人侦探并不需要违法窃听公民个人的通话内容，却能通过掌握呼入呼出号码、通话人、通话时间以及通话人的行踪、职业、收

入、资产等多种信息，“挖掘”出大量隐私。欧盟制定的《通用数据保护条例》（GDPR）已经于2018年5月生效，这个严苛的个人数据保护条例一经发布就引起不少争论。法学界、互联网企业、有关专家和社会各相关方面观点不一，争论激烈。一些互联网巨头和专家学者认为，大数据价值相当一部分来自数据共享，抓取数据和汇总巨量数据中的信息是大数据的本质，不允许数据收集，大数据无从谈起。从长期看，要寻求多种价值目标的平衡。

5．互联网时代政府与市场的分工边界双向移动，挑战传统治理理念

一方面，许多公共服务由于受众多、关注度高，商业化运作变得有利可图，企业愿意也能够有效提供。例如，许多群众性文化及体育活动和部分教育、卫生服务，如跑步活动、广场舞、远程医疗、远程教育等，企业早已介入并提供服务。再如许多数据企业深度参与社会管理，如许多城市的“智慧城市”建设，从中获得海量数据。另一方面，诸如私人数据保护、网络空间秩序维护等，也需要政府的介入。传统理论讲政府不要干预企业经营活动，然而网络空间并不仅仅是一个企业自身的经营场所，它是公共设施，是公共场所，个体在网络空间中的言行具有一定的公共性，有可能影响是非判断，引导舆情，影响到其他公民的工作和生活。为获得高关注度，平台自身也可能会推波助澜甚至造谣生事，政府介入网络对企业甚至服务产品进行管制，不一定是不当干预。总之，网络时代，“庙堂”与“江湖”的某些边界发生移动或者融合，不能拘泥于传统的治理理念和治理方式。

——节选自《网络空间服务业：效率、约束及发展前景——以体育和文化产业为例》，《经济研究》2018年第4期。

柒

40年学习研究乐在其中

一 悟道之乐

我们这一代人很幸运，在这段高度浓缩的40年中，经历了思想大解放、学术大繁荣、经济大发展和生活大改善，无论是工作还是个人生活，时刻都处在向好变化和丰富多彩之中。

这个时代研究社会科学尤其有趣。人类行为的动机、目的和结果之间的关系是多种多样的，人类在探索自身和社会关系方面富有极大的想象力。人类社会的发展，不是用几条简单的规律就可以总结出来的，人类的思想和行为也不能单纯分为“正确”和“错误”或者“是”与“否”两大阵营。这种不确定性既是社会科学研究者的困难，也带来无穷魅力和探索求知的广袤空间。况且社会科学研究的对象和研究者都是人，既对立又统一，观察“他们在这种条件下如何做”，再设想“如果是我在这种情况下会怎么做”。所谓的“把自己摆进去”，不断地体悟和自省。这个过程既是科学研究，也是自我检验和提高，智识和情感都不断充盈升华，从未感到枯燥无味。

评上了研究员、当上了博士生导师，特别是离开研究机构之后，继续做研究工作的目的就只剩下探究人类和社会未知世界的乐趣、一点点的社会责任感和长期养成的习惯了，无须随事衡量轻重、揣度形势，也无须算计发表数量以求达标。有了理论视角，看很多事情都觉得很有意趣。不知道哪位智者说过，做自己喜欢的工作是幸运，喜欢自己所做的工作是明智，我可能是幸运加明智吧。

1998年，担任博士生导师

近百年来，社会科学工作者不断努力使研究更加“科学”，更多地使用计量分析模式，更多地用“数据”说明问题。现在模型越来越复杂，数据越来越坚厚，影响了人们对这类研究的理解和亲近感。从“悟道”的角度想，社会科学保持价值判断和人文情怀依然很重要。既然研究的是人及人类社会，“实在”和“体验”就同等重要。尤其是现在的中国，多方面的改革进程必定导致利益冲突不断，受到损害的既得利益者们并不都是权贵，还有很多普通民众，比如国有企业中上一代的下岗职工，较早时期政策不够完善时被征用土地房屋的城乡居民等。在改革大潮中各种声音轰鸣弥漫，而那些无力发声的人群很需要关注，帮助这些困难和弱势人群，更多的人就能理解社会科学的人文意义和社会价值。人文情怀对研究者自身也很重要，做学问需要基本能力，但最终能坚持多久走多远，在很大程度上取决于非智力的因素。我看到一些青年学者眼界宽远，心胸开阔，好奇心强，人文情怀深厚，相信他们的研究可以达到相当的深度和高度。

二 育才之乐

我从1999年开始招收博士研究生，后来又招博士后，迄今已经毕业的博士接近40人，出站的博士后也有10多人了。这么一大群出类拔萃的年轻人，必有各种性格和想法，授业和相处会有各种滋味。

作为老师，有两个字我多年不变——严和宽。"严"字指我对学生的论文要求有两条底线：第一，是一篇形式规范的博士论文；第二，是一个有意义的问题。即使是在职学生，也不接受研究报告式的所谓"论文"。"宽"字的要求也是两条：第一，具体研究的问题不做限定；第二，不要求必须参加老师正在做的课题。

做导师的前10年，我略微偏爱那些喜欢"学术"而且准备以学术研究为职业的学生，评价学生主要以学术的感悟能力为标准。这类学生写的论文，我更精心地指导和修改，有些几乎指导学生重写。现在回想这是恰当的，因为他们将来很可能以学术研究为职业，因此学术能力和学术成就对他们来说更基础和重要。

然而，教育在发展，社会在发展，“学术”的价值也在调整和发展。记得我们那个年代毕业的博士，可谓天之骄子，很多机构抢着要，只要研究成果还可以，工作两年后就可以评副教授。现在的学生毕业后要找一个理想的工作并非易事，要考虑户口、住房、职称、收入甚至未来孩子上学等许多问题，烦恼不少。较早时期的学生会表达这样的意思，生活再困难，也要寻找诗和远方；后来学生却说，生活如此苟且，哪还有诗和远方。其实纵向比，任何一位的生活条件和工作环境都比我刚毕业时好很多。有时师生聚会，我稍许表露一点点不以为然，同学们就一起说，老师，时代不同了！

我理解学生的想法。现在要想在学术领域做出突出成就，可能比以前更不容易。我们这一代赶上了理论思想领域“拨乱反正”的关键时刻，“引进”就能开辟新领域，领风气之先，如果能在引进的基础上结合中国实际创新提高，无疑就是达到前沿攀上高点了。现在每一个战略领域似乎都有高水平人才在守望，手下将士众多，战绩优良，新来者似乎只能在更细分的领域中寻找机会，而且还不一定能有突出成就。面对这种高难度、不确定、没把握的状态，不知远方在何方，退而开辟其他领域不失为一种理性。毕竟研究工作不是靠坚守和努力就能达到一定高度的。这是时代现象，年轻人比我们更聪明，相信他们的选择不会辜负时代，也不会辜负家庭和自己。

时代不同了，我对学生的要求和评价也在调整和发展，慢慢有了一种多元化的标准。再后来我意识到，虽然我自己喜欢研究问题，但对他人甚至对社会来说，每个人的职业选择只有偏好，并无高下，无论是从理性、感性还是利益的角度，都是等价的。早期学生问我，“我想报考您的研究生，请问老师有什么要求？”我回答：“请发给我你的学习和研究经历，并告诉我你的学术兴趣和职业愿景。”近些年我的回复就一句话：“欢迎报考，所有学生都有公平机会。”每有新生进校，我首先会询问学生，“你将来打算做什么？”如果对方明确表示不会做学术研究，我就会建议他的选题不要做纯理论或计量性的，而是更贴近现实问题。不过，我内心始终盼望能招到有学术悟性和偏好的学生。但我将这种愿望控制在“心向往之”“可遇不可求”的边界内，不再用此标准来评判学生。我自己也从这种转变中受惠，看着学生个个都好，对他们的选择欣然接受，不需要再苦口婆心地劝说他们首先选择科研教学类工作，老师也当得快乐轻松许多。

后来我到国务院工作，没有时间和学生探讨模型、变量和数据选择，以及计量分析过程中的反复调试等。指导学生只能追求效率，争取在较短的时间内准确指出问题所在和努力方向。有些学生会问我，哪些问题轻松而能够有突破，我只能告诉他们我确实不知道，我也想找这样的问题研究呢。我与学生们的面谈和邮件往来都在晚上、周末和假期。有学生假期接到我的邮件后，在晒旅游照片时居然加上一句话：“又接导师催促邮件，真闹心”。有学生被吓着了，说：“老师，搞研究要这样辛苦吗？我真的不可能像您这样夜以继日地看书写作。”

近几年我关注人工智能等科技进展，就和学生开玩笑说，将来无须思考的工作统统没有了，拥有思辨、分析和创新能力才有前途。虽说是玩笑，也是我一种隐约感觉，这些今日还只是学术安身立命之能力，明日也许就成为多种工作所需的基本能力了。

后来，留在学术界的学生陆续有人称感悟到了研究工作的美妙，有的还自称成了“佛性研究者”，享受过程而不追求目的。无论写什么，总是改来改去不肯出手，说感觉还不完善，一直改到我不能忍受，告诉他问题的意义有限，刊物的篇幅有限，我们的生命有限，再修改就真的修炼出佛性了——只有你知佛知。有这样一批好学生老师就会感到压力，如果当导师的不努力，不能在学术前沿领域保持敏感度和感知力，和学生们的交流就会吃力，更不要说指导他们了。我很少与人合作写论文，少有的几篇都是与“前学生”合作的，包括《服务业与中国经济：相关性及加快增长的潜力》《我国地区之间实际收入差距小于名义收入差距——加入地区间价格差异后的一项研究》《网络与数字时代的服务全球化——新引擎、加速度和大国竞争力》等。这些合作者都达到了较高的学术水准，是真实的“合作者”。还有更多的学生为我的研究提建议找文献查数据，不仅在校生如此，一些毕业多年自己也成为博士生导师的“老学生”亦如此，对我帮助很多。

已经毕业的四五十名学生分布在各行各业。每年师门大聚会，他们个个意气风发，人人感悟颇多，点对点、线对线、片对片地交流讨论，我看着很开心。

三 天伦之乐

我的丈夫刘世锦和我是同学又是同行，学术兴趣相同，深知彼此深浅，讨论问题深入高效。相当长的时间内，他的研究相对侧重改革，我则相对侧重发展，有挺多互补之处。我们都对研究工作有浓厚兴趣，能成为讨论对象的事情很多，两人在家里常常争论不休。他是我研究成果和学术观点最苛刻挑剔的读者，很少有令我愉悦的评价，我也“以其人之道还治其人之身”，多年乐此不疲。他个高心大，很能容人容事，自寻快乐。我厨艺不错，他爱吃我做的饭菜，但在我担任国务院副秘书长期间，他数年处在我一日三餐不在家吃、傍晚从不一起散步、周末和假期极少一起外出休闲的状态，就连少有的几次旅游也没能全程同行。一次暑期休假期间，我们带女儿去九寨沟旅游，刚到第一天，我就因为要处理和“埃博拉”疫情相关的一个紧急事件而返回北京。去海南旅游，我也只来得及带着女儿玩了一次潜水就提前返京。这种挺不正常的日子被他过得挺正常，从不抱怨，时常还洋洋得意地说我不在时女儿更听话，还会处处关心他。女儿每碰到妈妈要离开时就会眼中泛泪，但也知道妈妈必须要走，并不阻拦。

女儿从小习惯了我在家看书写作，从不打扰。她小小年纪时就说喜欢听父母讨论问题，认定经济学“很有道理，很有意思”，有时也会说说她的看法，蹦出诸如竞争、效率、市场甚至边际这样的词来，带给我们许多乐趣和惊奇。女儿上初中后我工作忙，与她的沟通主要在送她上学的路上，只要有可能我坚持这样做，因为晚上我回家时她常常已经睡了。对于学习，她平常只有七八分的自觉性，我对她学习管得较严，即使不能在家看管，也有明确的要求。偶尔我比平常回家时间早点，在门外换鞋和开门时就能听到客厅一阵忙乱，父女俩正在看足球赛，察觉到我回来了，一个忙着关电视，一个忙着跑回房间装作看书。她对足球的爱好可以用"痴迷"来形容，对欧洲名队名教练名球员如数家珍，看足球时的讲解评论有时比电视上的评论更及时有趣。以往她不看中国足球，我参与足球工作后，她才偶尔陪我看看中超或国家队的重要比赛。不过，在初三和高三时她能够十分认真地备战中考和高考，这时我再忙也会帮助她收集整理一些老师指定的文献资料，还会帮她背书和默写，希望能融入到她的学习之中，关心到"点子"上，她也努力考出了好成绩。她对我唯一的埋怨，是让她学了多年的手风琴，她爸爸也在旁边帮腔冷嘲热讽，关于这件事，我至今也不知做得对否。

女儿上大学后，一转眼就从一个小女孩变成了秀外慧中的大学生，对父母除了依赖又增加了由衷的体贴。近来她在美国做交换生，迷上了数字货币和区块链问题，不断地推荐文献让我看并要求讨论。虽然我对问题的意义感到迷惑，也只能加紧学习，尽量保持能够与她对话的水平。

60年人生行程弹指一挥间。社会在进步，孩子在成长，渐渐地我们会跟不上。这是自然规律，也是历史必然。

附　录

附录一　简历

1957年，出生于陕西省西安市，在西安市大车家巷小学上学至四年级。

1968—1972年，随父母在陕西省汉阴县高梁铺公社界牌大队生活。在高梁铺小学上5—6年级，在高梁铺小学附设初一班上初中一年级。

1972年，随父母返回西安市，进入陕西省卫生学校学习，1973年毕业。

1973—1979年，先后在西安市中心医院普外科、脑外科、胸外科、烧伤科当护士，1978年担任烧伤科代理护士长。

1979—1981年，在西安基础大学陕西财经学院分校企业管理系学习。

1981—1982年，在中共陕西省委党校经济教研部任教师。

1982—1984年，在陕西财经学院工业经济系读研究生并获硕士学位。

1984—1986年，在陕西省财经学院工业经济系任教两年，先后任助教、讲师。

1986—1989年，在中国社会科学院研究生院工业经济系读博士研究生，获博士学位。其间，1987—1989年在新西兰惠灵顿维多利亚大学做访问学者。

1989—1996年，在中国社会科学院工业经济研究所工作，先后任助理研究员、副研究员、研究员，工业发展研究室副主任、主任。

1996—1998年，在中国社会科学院科研局工作，担任经济学科片学术秘书。

1998—2004年，在中国社会科学院财贸经济研究所工作，先后担任副所长、党委书记、所长兼党委书记。1998年起担任博士研究生导师。

2004—2011年，在国务院研究室工作，先后担任副主任、党组副书记。

2011年6月—2018年5月，任国务院副秘书长、机关党组成员。

2018年至今，任全国人大常务委员会委员、全国人大社会建设委员会副主任委员。

2018年11月至今，任清华大学公共管理学院院长。

2018年12月至今，任中国行政管理学会会长。

附录二 学术代表作

一、学术论文

1.《归纳性研究与社会主义经济理论的重塑》，《经济研究》1986年第7期。

2.《利益制约与对策性研究的改进》，《经济研究》1990年第2期。

3.《中国推行产业政策中的公共选择问题》，《经济研究》1993年第6期。

4.《"入关"冲击与对策的国际比较研究》，《中国社会科学》1994年第5期。

5.《竞争性行业如何实现生产集中——对中国电冰箱行业发展的实证分析》（与刘世锦合著），《管理世界》1996年第1期。

6.《市场化进程中的低效率竞争：以棉纺织行业为例》，《经济研究》1998年第3期。

7.《体制转轨与产业发展：相关性、合意性及对转轨理论的意义》，《经济研究》1999年第1期。

8.《理论、实践、借鉴与中国经济学的发展——以产业结构理论研究为例》，《中国社会科学》1999年第6期。

9.《"计划指标市场"与特许行业的市场化改革——对卷烟生产计划有偿调整的分析》，载于张曙光主编的《中国制度变迁的案例研究》第二辑，中国财政经济出版社，1999年版。

10.《内资不能替代外资：在生产和资金都已经过剩时，为什么还要利用外资》，《国际贸易》2000年第3期。

11.《中国的外资经济》，《中国社会科学》2002年第6期。

12.《跨国投资、市场结构与外商投资企业的竞争行为》，《经济研究》2002年第9期。

13.《向潜在增长率趋近——中国经济进入新一轮快速增长时期》，《财贸经济》2003年第5期。

14.《服务业与中国经济：相关性及加快增长的潜力》（与李辉合作），《经济研究》2004年第1期。

15.《理解科技全球化：资源重组、优势集成和自主创新能力的提升》，《管理世界》2004年第6期。

16.《中国经济发展进入新阶段：挑战与战略》，《经济研究》2004年第10期，《新华文摘》2005年第1期转载。

17.《我国地区之间实际收入差距小于名义收入差距——加入地区间价格差异后的一项研究》（与李辉合作），《经济研究》2005年第10期。

18.《中国对外开放进入新阶段：更均衡合理地融入全球经济》，《经济研究》2006年第3期。

19.《我国出口商品结构的决定因素和变化趋势》，《经济研究》2007年第5期。

20.《理解开放与增长》，《比较》第26辑，中信出版社，2008年9月。

21.《服务全球化的发展趋势和理论分析》，《经济研究》2008年第2期。

22.《服务外包：合约形态变革及其理论蕴意》，《经济研究》2008年第7期。

23.《中国开放三十年的回顾与展望》，《中国社会科学》2008年第6期。

24.《大国双引擎增长模式——中国经济增长中的内需和外需》，《管理世界》2010年第6期。

25.《服务业增长：真实含义、多重影响和发展趋势》，《经济研究》2010年第4期。

26.《高度联通社会中的资源重组与服务业增长》，《经济研究》2017年第3期。

27.《网络空间服务业：效率、约束及发展前景——以体育和文化产业为例》，《经济研究》2018年第4期。

28.《中国体育产业：发展趋势及支柱地位》，《管理世界》2018年第5期。

29.《职业体育与经济增长：比赛、快乐与GDP》，《体育科学》2018年第6期。

二、学术专著

1.《后来居上——中国工业发展新时期展望》（与刘世锦合著），中信出版社，1991年。

2.《中国工业发展与对外经济贸易关系的研究》，经济管理出版社，1993年。

3.《体制转轨中的产业政策：对中国经验的实证分

析及前景展望》，上海三联出版社、上海人民出版社，1996年。

4．《世纪之交的工业结构升级》，上海远东出版社，1996年。

5．《体制转轨中的增长、绩效与产业组织的变化：对中国若干行业的实证研究》，上海三联出版社、上海人民出版社，1999年。

6．*China's Industrial Transition: Organizational Change, Efficiency Gains, and Growth Dynamics.* Nova Science Publishers, Inc. New York，2001.

7．《中国的外资经济：对增长、结构升级和竞争力的贡献》，中国人民大学出版社，2002年。

8．*FDI in China: Contributions to Growth, Restructuring and Competitiveness.* Nova Science Publishers, Inc. New York, 2004.

9．《全球化中的科技资源重组与中国产业技术竞争力提升》，中国社会科学出版社，2004年。

10．《中国的开放与增长：1980—2005》，人民出版社，2007年。

11．《中国开放30年：增长、结构与体制变迁》，人民出版社，2008年。

12．《服务全球化与服务外包：现状、趋势及理论分析》（与易纲、常青、刘世锦、王子先合著），人民出版社，2008年。

13．《制度变革与产业发展：进程和案例研究》（当代经济学家文库），北京师范大学出版社，2010年。

14．主编《服务经济译丛》（共十四本），格致出版社、上海人民出版社，2011—2012年。

15．《服务经济思想史》（译著），格致出版社、上海人民出版社，2011年。

16．*Thirty Years of Openning Up in China*. Cengage Learning，2012.

17．《服务经济——理论演进与产业分析》，人民出版社，2014年。

18．《网络时代的服务型经济：中国迈进发展新阶段》，中国社会科学出版社，2018年。

19．《体育产业的经济学分析——国际经验及中国案例》，中信出版社，2018年。

三、报纸杂志文章

1．《走出去：我国经济上新台阶的一个战略性问题》，《光明日报》2000年5月29日。

2．《引进来：跨国公司的投资及其对我国经济发展的影响》，《求是》2002年第10期。

3．《新型工业化化出新天地》，《人民日报》2002年12月2日第5版。

4．《积极探索新型工业化道路》，《求是》2002年第24期。

5．《利用经济全球化的机遇促进经济发展》，《人民日报》2003年2月17日。

6．《全面提高对外开放水平》，《人民日报》2003年

11月10日。

7. 《大力发展服务业的政策建议》，《人民日报》2004年5月16日。

8. 《加快发展服务业，提高第三产业在国民经济中的比重》，《人民日报》2004年5月27日。

9. 《关键在于深化改革和优化结构》，《人民日报》2004年5月17日。

10. 《提高自主创新能力，推进产业结构优化升级》，《人民日报》2005年3月28日。

11. 《利用全球科技资源，提高自主创新能力》，《求是》2006年第7期。

12. 《“十一五”时期我国发展环境的阶段性特征》，《人民日报》2006年4月12日。

13. 《提高对外开放的着力点》，《人民日报》2007年5月25日第8版。

14. 《推进职能转变，全面正确履行政府职能》，《求是》2008年第9期。

15. 《开放兼容才能强国》，《人民日报》2008年4月16日第7版。

16. 《用改革的办法破解发展难题》，《人民日报》2009年4月1日，《新华文摘》2009年第11期转载。

17. 《加快形成内需外需协调拉动经济增长的格局》，《人民日报》2010年4月13日。

附录三 主要获奖和受表彰情况

一、省部级及以上学术奖与孙冶方经济科学奖

1．《中国推行产业政策中的公共选择问题》，获1994年度孙冶方经济科学奖论文奖。

2．《严重亏损国有企业的亏损原因剖析》（第二作者），获1998年度孙冶方经济科学奖论文奖。

3．《市场化进程中的低效率竞争：以棉纺织行业为例》，获1998年度孙冶方经济科学奖论文奖。

4．2012年获第五届中国经济理论创新奖，获奖理由是对产业结构理论做出的贡献（与马建堂、周叔莲共同获奖）。

5．论文《“入关”冲击与对策的国际比较研究》，获中国社会科学院第二届优秀科研成果奖（1992—1994年）。

6．《中国工业发展与对外经济贸易关系的研究》，1995年获首届中国青年社会科学研究专著类一等奖。

7．论文《利用外资与经济增长方式的转变》，获第一届全国外经贸研究成果奖（1999年）。

8．《体制转轨与产业发展：相关性、合意性以及对转轨理论的意义——对若干行业的实证研究》，获中国社会科学院第四届优秀科研成果二等奖。

9．《市场化进程中的低效率竞争：以棉纺织行业为例》，获中国社会科学院优秀科研成果奖（2000年）。

10.《合意性、一致性与政策作用空间：外商投资高新技术企业的行为分析》，获第八届安子介国际贸易研究奖优秀论文二等奖。

11. 论文《内资不能替代外资：在生产能力和资金都过剩时，为什么还要利用外资》，获第二届全国外经贸研究成果奖。

12.《经济发展阶段与经济结构调整》，获首届《求是》杂志优秀理论论文奖。

13.《出口退税率下调可以承受，中央地方分担不好操作》（中国社会科学院报中央"专供信息"），受到温家宝总理的重视和批示，被评为中国社会科学院2003年优秀信息特等奖。

14. 专著《中国的外资经济：对增长、结构升级和竞争力的贡献》，获中国社会科学院第五届优秀科研成果奖、第四届全国外经贸研究成果奖。

15.《跨国投资、市场结构与外商投资企业的竞争行为》，获第十一届安子介国际贸易研究奖优秀论文二等奖（2004年）。

16.《中国的外资经济：对增长、结构升级和竞争力的贡献》，获第五届吴玉章人文社会科学奖（2007年）。

二、获省部级以上（含省部级）表彰

1. 中国社会科学院"巾帼建功"先进个人（1994年度）。
2. 中央国家机关"巾帼建功"标兵（1995年度）。
3. 享受国务院政府特殊津贴的专家（1996年）。

4．中国社会科学院有突出贡献的中青年专家（1996年）。

5．中国社会科学院十大优秀青年（1996年）。

6．中国社会科学院优秀女领导干部（2002年）。

7．中国十大经济女性年度人物（2003年）。

8．全国留学回国先进个人（2003年）。